CW01084919

AS MULHERES
E O DINHEIRO

Suze Orman

AS MULHERES
E O DINHEIRO

CONTROLE O SEU PRÓPRIO DESTINO

ADAPTAÇÃO E PREFÁCIO
GUSTAVO CERBASI

TRADUÇÃO
REGINA LYRA

Título original: WOMEN & MONEY

EDITORA NOVA FRONTEIRA S.A.
Rua Nova Jerusalém, 345 – Bonsucesso – 21042-235
Rio de Janeiro – RJ – Brasil
Tel.: (21) 3882-8200 – Fax: (21) 3882-8212/8313
http://www.novafronteira.com.br
e-mail: sac@novafronteira.com.br

Respeitando o contrato de edição, a capa deste livro se mantém fiel à original norte-americana, ficando a opção de design da sobrecapa a cargo da Editora Nova Fronteira.

O trecho sobre previdência privada da página 158 à página 171 foi adaptado do livro *Investimentos inteligentes* (Thomas Nelson Brasil), de autoria de Gustavo Cerbasi.

Foto de capa: Marc Royce//Design de Capa: Timothy Hsu

Texto revisto pelo novo Acordo Ortográfico

CIP-BRASIL. Catalogação na Fonte
Sindicato Nacional dos Editores de Livros, RJ

O79m   Orman, Suze
         As mulheres e o dinheiro : Controle o seu próprio destino / Suze Orman ; adaptação e prefácio de Gustavo Cerbasi ; tradução de Regina Lyra. – Rio de Janeiro : Nova Fronteira, 2009.

         Tradução de: Women & money
         ISBN 978-85-209-2089-3

         1. Mulheres – Estados Unidos – Finanças pessoais. 2. Finanças pessoais – Estados Unidos. 3. Riqueza – Aspectos psicológicos. I. Cerbasi, Gustavo, 1974-. II. Título.

                        CDD: 330.0240082
                        CDU: 330.567.2-055.2

Este livro é dedicado às mulheres de ontem, hoje e amanhã. Que possamos sempre apoiar e desejar sucesso umas às outras.

Sumário

Hotel Saxon, Joanesburgo, África do Sul, novembro de 2005. Eu ia saindo da minha suíte para um safári com dois dos meus melhores amigos quando o telefone tocou. Todos nos perguntamos quem seria, já que praticamente ninguém sabia que estávamos na África do Sul e muito menos em que hotel. Era Julie Grau, minha editora e responsável pela publicação de *The Courage to be Rich*; *The Road to Wealth*; da série "Ask Suze Library"; e de *The Money Book for the Young, Fabulous & Broke*. Parecia meio abalada e disse que tinha algo para me contar. Depois de muita reflexão, ela e a coeditora Cindy Spiegel haviam resolvido se demitir de seus cargos atuais para inaugurar um novo departamento dentro do Grupo Doubleday, da editora Random House. Julie queria que eu ouvisse a notícia diretamente dela e não pelos jornais ou por algum terceiro.

A despeito do fato de que sua demissão me afetaria também, fiquei eufórica. Finalmente, Julie tomara uma atitude que lhe permitiria controlar o próprio destino. Durante anos nós duas conversamos ao telefone sobre dinheiro. Eu sempre quis vê-la se envolver mais, aprender como investi-lo, cuidar dele e exigir mais para si própria. Meus esforços, porém, sempre foram em vão. Como muitas mulheres, Julie estava ocupada demais ganhando dinheiro para outras pessoas para encontrar tempo para multiplicar o que ganhava para si mesma.

Quando desligava o telefone depois de uma dessas conversas, eu ficava pensando se ela realmente se dava conta do quanto era maravilhosa. Pena que não via em si própria o que eu via. Pena que não percebia que valia muito mais do que pensava. É precisamente isso que desejo que todas as mulheres vejam em si mesmas. Agora, porém, eu tinha que lhe dar crédito, pois ela havia resolvido se demitir a fim de valorizar a si mesma. Eu sabia que deixar a editora que ela ajudara a firmar no mercado não seria fácil; nunca é fácil largar o que é familiar e seguro e partir para algo novo e desconhecido, principalmente para uma mulher. Para uma mulher, uma família que ande bem importa mais do que dinheiro (devo dizer que acho fascinante que essa mudança tenha ocorrido quando Julie estava no quarto mês de gravidez. Era quase como se ela não pudesse tomar essas decisões quando solteira, mas agora que tinha uma nova família se via incapaz de *não* tomá-las em benefício dela. Por outro lado, é assim que as mulheres agem, não? Elas fazem pelos outros o que não conseguem fazer por si mesmas).

Quando perguntei a Julie o nome do seu novo departamento editorial, ela respondeu que ainda não sabia, mas que ela e Cindy andavam considerando alguns. Tinha gente que achava que devia ser Spiegel & Grau (os sobrenomes das duas), ao que ela respondia: "Está brincando? Nem pensar. Estamos falando de livros, não da gente." Outra reação tipicamente feminina, não é mesmo?

Passado algum tempo, Julie afinal começou a se antenar com o próprio poder, e ela e Cindy resolveram batizar a nova empresa com seus sobrenomes. Foi um passo enorme para Julie, como é para qualquer mulher, começar a entender o poder de dizer o próprio nome.

Obviamente decidi acompanhar Julie na nova editora e tenho orgulho em dizer que ela vai continuar publicando meus livros. Sinto-me honrada porque o meu livro vai ser o primeiro a sair pela Spiegel & Grau. O fato de ele se chamar *As mulheres e o dinheiro* e de seu tema ter a ver com a história que acabei de contar o torna ainda mais especial para mim.

Em geral, no começo dos meus livros, incluo uma longa lista de pessoas, algumas com quem trabalhei durante anos e outras que acabaram de pegar o bonde, para lhes agradecer por tudo que fizeram para me ajudar a ser o que sou hoje. Elas sabem muito bem quem são e espero que sintam que, do meu jeito, agradeço a todas diariamente. Agradeço nas minhas orações e gestos, bem como quando falo com elas pessoalmente ou por escrito. Assim, faço a vocês todas um grande agradecimento coletivo, e espero que entendam que desta vez há apenas uma mulher a quem desejo agradecer nominalmente — Julie —, que leu praticamente todas as palavras que escrevi, revisou-as, orientou-as e, quando necessário, melhorou-as. Quero que vocês, leitoras, saibam que existe em Julie um tantinho de todas as mulheres. Ela é esposa, filha, mãe, madrasta, chefe, funcionária, amiga do peito, colaboradora voluntária, tia, sobrinha e irmã, tudo numa só. Ela tem um marido, Adam, e é agora legalmente, e com orgulho, mãe de Jackson, o enteado de dez anos. Ano passado, Julie deu à luz um menino, Rian, que por algum motivo todos chamam de Beanie. Tudo isso ela fez ao mesmo tempo em que este livro nascia. Observei, encantada e com o maior respeito, Julie manter tudo funcionando: ser mãe de um recém-nascido, inaugurar uma nova empresa, editar meu livro, fechar contrato com novos autores, admitir funcionários e comparecer a reuniões e mais reuniões ao mesmo tempo em que corria para casa para enfiar a fantasia de Dia das Bruxas em Jackson, jantava na casa da mãe e chegava em casa nas noites de sexta-feira a tempo de acender as velas para o sabá. Eu a vi fazer tudo isso com graça, humildade, amor e generosidade. Eu a vi ser uma representante perfeita de todas nós, mulheres.

Assim, Julie querida — por este primeiro livro da sua editora, pelos seus dois filhos, seu novo trabalho, sua família, seus amigos e por dar novo significado ao verbo "valorizar-se" —, agradeço o seu esforço. Agradeço a sua incrível generosidade, a sua coragem, sabedoria, beleza, e agradeço pela nossa amizade.

Que este livro seja o primeiro de uma lista de sucessos seus, minha amiga, e que nos lembremos para sempre do que é possível na vida quando escolhemos ter poder para controlar os nossos destinos. Percorremos um longo caminho, querida amiga, e fico superfeliz com isso.

Todo o meu amor e respeito,
Suze

Prefácio

Prefaciar e adaptar para o Brasil uma das mais importantes obras da Suze Orman é como fechar um ciclo em minha vida. Quando comecei minha carreira de consultor financeiro pessoal, em 2001, Suze era o nome em evidência nessa área nos Estados Unidos. Seus livros, programa de televisão e presença maciça na mídia faziam dela uma personalidade facilmente reconhecível, até para um estrangeiro como eu. Eu acabara de fazer um curso de especialização em finanças corporativas em Nova York, e ainda considerava as finanças pessoais uma simples hipótese secundária em minha carreira, mas a presença dos livros dela entre os mais vendidos das livrarias me chamara à atenção. Incomodava-me o fato de o assunto estar tão em evidência nos Estados Unidos, país rico, enquanto o assunto nem sequer aparecia como subdivisão nas categorias de livros vendidos no Brasil, então um país de futuro incerto. Nas entrevistas concedidas por Suze, não se falava do longo currículo e de suas especializações, mas sim de suas histórias como ser humano, como dona de casa, como filha dedicada carinhosamente aos cuidados da mãe. E também como mulher bem-sucedida e de enorme sucesso na mídia falando coisas simples, mas importantes, para pessoas igualmente simples.

Na época, comprei alguns de seus livros, que viriam a ser lidos somente um ano mais tarde, enquanto eu redigia o meu primeiro livro, *Dinheiro: os segredos de quem tem* (Editora Gente). A princípio, o que me fascinou na Suze foi sua história pessoal, de uma pessoa comum que errou muito, aprendeu e fez sua vida com boas escolhas e sem depender da sorte.

Exatamente o que eu esperava para a minha vida, naquele momento. Provavelmente, suas entrevistas revelando seus erros e aprendizados pessoais me influenciaram mais do que as orientações que depois descobri em seus livros.

Porém, este fato ficou esquecido em algum canto de minha memória, enquanto fui construindo meus investimentos, minha bibliografia própria, meu sucesso e a liderança absoluta de venda de livros na área de finanças pessoais no Brasil. Quando, há alguns meses, recebi o convite da Editora Nova Fronteira para prefaciar o livro da Suze, foi como se um filme de minha carreira como autor passasse rapidamente diante de meus olhos. Também aprendi com meus erros. Também me indignei com quem me ofereceu orientações erradas. Também me dediquei com afinco a meus planos. Também me servi de exemplo para validar minhas teorias para o público e passei a ser reconhecido publicamente. Hoje, se fosse destacar um profissional com o qual mais me identifico em termos de atuação, certamente seria com a Suze Orman. Cada um com suas particularidades pessoais e culturais e com opiniões até divergentes em alguns assuntos, mas com as mesmas intenções e a mesma forma simples de comunicar assuntos complexos a seus públicos.

Por isso, é com grande prazer que fiz os ajustes necessários para que o Plano de Autorresgate desenvolvido em *As mulheres e o dinheiro* se tornasse compreensível às leitoras brasileiras. Para a quase totalidade delas, Suze Orman ainda é uma desconhecida, o que é uma grande injustiça. Mas suas orientações às mulheres tocam na alma e nos sentimentos mais amedrontadores pelos quais passam as mulheres, razão pela qual torço para que este livro seja um grande sucesso, como foi nos Estados Unidos.

O texto não trata de simples orientações financeiras, mas sim de uma franca orientação que propõe uma mudança de postura, ou mesmo de cultura entre as mulheres e seu papel na família. Orientação enriquecedora, de fato, e que, se seguida, certamente proporcionará às famílias brasileiras uma perspectiva muito mais positiva para seu futuro, tanto para as mulheres quanto para seus companheiros, filhos e outros dependentes. É um trabalho honesto, bem-intencionado e de valor infinitamente superior ao preço de venda deste livro, qualquer que seja ele. Quem já leu minhas obras encontrará opiniões e sugestões feitas pela Suze que são nitidamente diferentes de minhas opiniões. Considero isso saudável, pois há temas em que é preciso haver unanimidade entre diferentes consultores, enquanto outros ainda merecem longo debate até gerarem um aprendizado definitivo. Por isso, preferi não tecer críticas a orientações pautadas em opiniões e experiências pessoais e profissionais da Suze, fazendo meus comentários e modificações somente nos aspectos de adaptação à realidade prática e normativa brasileira. Apesar de partes do texto não refletirem fielmente minhas convicções pessoais, minha opinião é a de que toda mulher deveria ler ou ter contato com as ideias aqui defendidas por esta profissional excepcional, que sempre admirei e continuo admirando.

Boa leitura, e sucesso em suas escolhas!
Gustavo Cerbasi

1
Só para mulheres

Nunca pensei que escreveria um livro sobre dinheiro só para mulheres. Nunca achei que fosse necessário. Por que, então, estou fazendo exatamente isso no meu oitavo livro? E por que agora? Vou explicar.

Todos os meus livros anteriores foram escritos com a certeza de que o gênero não é, sob aspecto algum, um fator para dominar as artes de uma boa administração das finanças. As mulheres sabem investir, poupar e lidar com as dívidas tão bem e competentemente quanto qualquer homem. Ainda acredito nisso. Por que alguém pensaria diferente?

Assim sendo, imaginem a minha surpresa quando descobri que algumas das pessoas que me eram mais próximas viviam no escuro quanto às próprias finanças. Sem qualquer noção. Em certos casos, resistindo bravamente a fazer o que sabiam ser preciso fazer. Estou falando de mulheres inteligentes, competentes e realizadas que se mostram ao mundo como absolutamente seguras e capazes. Quer dizer que eu, Suze Orman, que ganho a vida solucionando os problemas financeiros de estranhos, não vi os problemas crescendo ao meu lado? Acho que não sou cega; suponho apenas que essas mulheres se tornaram peritas em esconder seus problemas de mim. E por que não? Praticaram durante anos a arte de escondê-los de si mesmas.

Francamente, fiquei chocada. Foi um espanto total. Começou com uma amiga, executiva todo-poderosa que lida com milhões e milhões de dólares anualmente, que se recusou a assinar um testamento que a ajudei a preparar. Não sei dizer por quê, mas aqueles papéis moraram na mesa dela por *três anos*. Sem dúvida, foi algum tipo de bloqueio que a impediu de simplesmente assinar seu nome e mandar reconhecer a firma em cartório. Até hoje ainda não assinou todos. Depois, outra amiga, uma mulher de currículo profissional invejável, sofreu um colapso nervoso e me confessou ter colecionado ao longo dos anos contas tão altas que tinha até medo de contar a outra pessoa; ela não fazia ideia de como saldá-las. Pouco tempo se passou, e eu soube de mais uma que finalmente se deu conta de que o patrão lhe pagava bem menos do que a qualquer outro executivo do mesmo nível na empresa. Seu departamento era um dos mais lucrativos e sólidos, mas ainda assim ela continuava aceitando os aumentos ínfimos que o chefe lhe dava a cada revisão de salários anual. Mesmo assim, em nome de alguma lealdade equivocada, relutava em deixar a firma que ano após ano vinha se aproveitando dela.

O que estava acontecendo?

Depois de investigar um pouco mais, descobri que um monte de mulheres na minha vida — amigas, conhecidas, leitoras, espectadoras dos meus programas de tevê — tinha em comum uma enorme pedra no sapato: um "fator desconhecido" que as impedia de fazer a coisa certa com o próprio dinheiro. Para algumas, talvez fosse medo do desconhecido; para outras, um toque de rebeldia por saber administrar todas as outras áreas da vida. Ou quem sabe isso acontecesse simplesmente por acharem que as coisas já estavam tão fora de controle que sentiam vergonha de pedir ajuda e confessar as várias coisas que não sabiam.

As mulheres foram empurradas para uma relação inteiramente nova com o dinheiro, muitíssimo diferente de qualquer outra já encontrada. A mudança do papel das mulheres no lar e no trabalho alterou radicalmente a forma como o dinheiro se integra à vida feminina. O que vejo, porém, é que, embora tenham fortalecido e expandido seus papéis e relacionamentos, na hora de navegar pelos mares financeiros deste novo mundo as mulheres utilizam velhos mapas que não as levam realmente aonde querem e precisam ir.

Esteja eu cercada de executivas ou de donas de casa, descubro que o problema básico é universal: quando se trata de tomar decisões que envolvem dinheiro, você se recusa a usar seu poder, a agir em proveito *próprio*. Não é uma questão de inteligência. Tenha certeza de que você dispõe de tudo que é preciso para entender o que deve fazer. Apenas não consegue cuidar de si mesma em termos financeiros, sobretudo se tais procedimentos competirem com o ato de cuidar daqueles que você ama. Seu instinto maternal reina absoluto; você faz tudo para todos antes de fazer para si mesma. Por melhores que sejam as suas intenções, elas estão esgotando você.

Por isso o meu oitavo livro se chama *As mulheres e o dinheiro*.

O desafio é aprender — e aceitar —, de uma vez por todas, que para ter de fato poder é preciso tomar decisões financeiras que funcionem para você. Veja bem, não estou sugerindo que você deixe de ser maternal para se tornar egocêntrica. Não quero que jogue fora a sua generosidade ou se livre da sua natureza solidária e gentil. Este livro não lhe recomenda ser mais egoísta para crescer mais. Longe disso. Só desejo que você *se* dê tanto quanto dá de *si*. Cuidando de si mesma financeiramente, você será realmente capaz de cuidar daqueles que ama.

Tornar-se poderosa de uma forma duradoura e proveitosa é algo que jamais se consegue à custa dos outros, mas sim em benefício de todos. As mulheres são o esteio da família, de suas comunidades — muita gente depende de nós. Se formos firmes e soubermos quem somos e o que podemos criar, será fácil apoiar aqueles que amamos e os que precisam de ajuda.

Saibam que não existe uma única acusação nestas páginas. Entendo que a atividade multifuncional que você conhece como "sua vida" torna difícil, se não impossível, achar tempo, energia ou vontade para prestar atenção no que você faz de errado com seu dinheiro, e menos ainda para descobrir o que seria o certo a fazer com ele. Seus filhos precisam de mãe; seu marido, de amante; seus pais, de ajuda; sua careira, de energia; e suas amigas, de uma ouvinte. Acrescente a essa mistura a roupa que tem que ser apanhada na tinturaria, a feira que precisa ser feita, o almoço e o jantar a preparar e a casa a ser limpa, e não espanta que qualquer coisa que diga respeito a dinheiro fique em segundo plano. O objetivo deste livro é tornar essa transformação o mais fácil possível.

Para tanto, vou ajudá-la a compreender como viemos parar aqui — por que menosprezamos a nós mesmas e por que a decisão de assumir o controle da nossa vida financeira é, de fato, uma decisão inédita, pioneira. Espero, ainda, poder motivar você a *querer* agir, a enfrentar tais desafios de frente e a conquistar o seu poder.

Fornecerei a orientação e as ferramentas práticas para que você se sinta segura e no controle da sua vida financeira da maneira mais rápida e indolor. Para isso bolei um programa de cinco meses que batizei de **Plano de Autorresgate** para ajudá-la a superar os bloqueios e prepará-la para uma vida inteira de segurança financeira. Tentei identificar por que outros livros deixaram você na mão, por que seus momentos de determinação e inspiração sempre acabam por perder fôlego e ter curta duração. Adotei uma abordagem realista e bolei uma estratégia que prevê o cansaço, o medo e a falta de determinação e que tem como meta mantê-la engajada, informada e — dá para acreditar? — motivada a querer fazer mais. Não vou enchê-la de listas e mais listas de tarefas inviáveis. Identifiquei missões essenciais e tornei-as tão abrangentes e fáceis de cumprir quanto possível. Meu objetivo é que, ao final de cinco meses, você seja capaz de monitorar seu progresso e sentir o orgulho e o alívio que decorrem de estar no controle de uma parte da sua vida que até agora se encontrava além do seu alcance.

Espero, finalmente, que este livro ponha você no caminho do futuro e lhe dê inspiração, que ele lhe mostre o que é possível, não só para a nossa geração como para as próximas.

Porque, na verdade, esta é a melhor parte: essas mudanças que mexem com a vida são um legado incrível, uma dádiva para cada filha e cada neta, tanto as que enchem a sua vida de graça hoje quanto as que ainda estão para nascer.

Agora você sabe por que acredito de verdade que este livro — o livro que jamais planejei, o que se destina apenas às mulheres — seja o mais importante que já escrevi.

2
Imagine o que é possível

Um livro com o título *As mulheres e o dinheiro* tem que começar contando o quanto as mulheres avançaram financeiramente nas últimas três décadas. Não apenas para relatar a história de um notável progresso social, mas também para nos fazer recordar que as mudanças que ocorrem com cada indivíduo, diariamente e em pequenas doses, contribuem para guinadas radicais tanto em termos sociais quanto culturais. As mulheres hoje representam quase a metade da força de trabalho nos Estados Unidos. Ao longo dos últimos trinta anos, a renda feminina teve o incrível aumento de 63%. As mulheres representam 49% de todos os profissionais liberais e administradores. Elas entram com a metade ou mais da renda familiar na maioria dos lares — uma tendência crescente que foi parar na capa da revista *Newsweek* e nas manchetes de vários jornais. Quarenta por cento de todas as empresas dos Estados Unidos pertencem a mulheres. Há mais mulheres do que nunca entre os milionários do país, mais mulheres nos altos escalões administrativos e mais mulheres em cargos importantes no governo.

Temos o direito de nos orgulhar do nosso progresso. Sinto uma imensa honra por testemunhar esta revolução. Só queria que ela contasse toda a verdade.

Agora pergunto: você quer ouvir o outro lado da história? Noventa por cento das mulheres que participaram de uma pesquisa encomendada por uma seguradora em 2006 afirmaram se sentir inseguras quanto às próprias finanças. *Noventa* por cento! Na mesma pesquisa, *quase a metade* das entrevistadas respondeu que a perspectiva de acabar virando mendiga já lhes passou pela cabeça. Um levantamento financeiro de 2006 descobriu que apenas 1% das entrevistadas atribuiu nota 10 ao próprio conhecimento de produtos e serviços financeiros. Dois terços das mulheres não conversavam com os maridos sobre seguros de vida e sobre a elaboração de um testamento. Quase 80% disseram que dependeriam da Previdência Social na velhice. Você sabia que as mulheres têm duas vezes mais probabilidade que os homens de empobrecer ao se aposentarem?

Já há alguns anos me encontro na posição privilegiada de conversar com milhares de mulheres por ano — desde as que ligam para o meu programa de tevê, as que comparecem às minhas conferências e as que enviam e-mails e mensagens para o meu site até as minhas amigas e parentes. Por isso ouço, vejo e sinto seus medos, inseguranças e problemas, muitas vezes em primeira mão, e acabei me convencendo de uma dolorosa verdade: apesar de todas as conquistas femininas nos últimos trinta, quarenta anos — conquistas sem dúvida notáveis —, é espantoso constatar como foi pequena a mudança na maneira como as mulheres lidam com o dinheiro. Existem aqui enormes discrepâncias: entre o que sabemos e a maneira como agimos; entre o que pensamos e o que dizemos; entre a nossa capacidade como realizadoras e a nossa não realização financeira; entre a forma como nos apresentamos ao mundo e o jeito como de fato nos sentimos intimamente quanto a nós mesmas; entre o que merecemos e aquilo com que nos conformamos na vida; entre o poder que está ao nosso alcance e a impotência que rege nossas ações.

Em 1980, quando fui contratada como consultora financeira pela corretora financeira Merrill Lynch, eu era uma das poucas mulheres no escritório de Oakland, na Califórnia. Aos olhos do meu chefe isso me tornava a candidata perfeita para trabalhar com todas as mulheres que entrassem por aquela porta. Na época, a maioria daquelas que procuravam uma corretora buscando assessoria financeira havia recebido uma herança, feito um acordo num divórcio, enviuvado ou se visto, de repente, obrigada a arcar com o encargo de ajudar os pais a administrar seus recursos. Apenas num punhado de casos o dinheiro sobre o qual queriam conversar fora ganho por elas mesmas. Independente das circunstâncias que as levavam a procurar uma corretora, todas tinham o mesmo motivo para estar ali: não queriam a responsabilidade de administrar o próprio dinheiro. Sempre achei que me contratavam simplesmente para servir de babá do dinheiro delas.

Passados mais de 25 anos, a história permanece mais ou menos a mesma. A despeito da melhora da nossa condição financeira, você e eu sabemos que as mulheres ainda continuam evitando assumir a responsabilidade quando se trata do dinheiro delas. Sim, elas estão ganhando mais do que nunca, mas não estão multiplicando o que ganham. O que quero dizer com isso? Que o dinheiro da sua aposentadoria fica parado porque você ainda não descobriu como investi-lo apropriadamente e por isso não faz nada. Você se convenceu de que vai trabalhar para sempre, o que leva o valor de cada contracheque a perder o significado — afinal, sempre haverá o próximo. Seu armário abriga o guarda-roupa de uma mulher poderosa e sofisticada, mas o segredo vergonhoso é que os seus cartões de crédito estão estourados e você não sabe o que fazer para quitá-los. A questão, porém, não se limita a poupar e investir. Inclui, também, o fato de você não pedir um aumento mesmo sabendo que está ganhando menos do que vale. Inclui o medo e a aversão que você sente quando chega a hora de pagar as contas todo mês porque não sabe exatamente quanto dinheiro tem, para onde ele vai e por que não sobra mais no final. Inclui a maneira como você se censura o tempo todo por não saber e não fazer mais... mas, ainda assim, permanece conformada com essa sensação de impotência e desespero enquanto o tempo passa.

Na minha opinião, esse problema é enorme, comum e universal. Atinge todas as faixas etárias, todas as raças e classes de renda. Quem vai se atrever a negar que existe aqui um bloqueio fundamental impedindo as mulheres de se tornarem tão poderosas quanto devem? Eu não me atrevo. Sou a primeira a dizer que tudo que você precisa saber para garantir o seu futuro financeiro, para se instruir e para facilitar a vida está aí para ser aprendido. À sua disposição. Mas você não quer, não se interessa em saber.

Eu vejo essa negação visceral, essa resistência, em todas as mulheres, não importa o que façam, como vivam ou em que etapa da vida estejam. Vejo você literalmente abrir mão do seu dinheiro em vez de lidar com ele. Vejo mães e donas de casa que trabalham 24 horas por dia e entregam todo poder e controle aos maridos porque não são elas que ganham o dinheiro. Vejo solteiras bem-sucedidas que se recusam a concentrar a atenção no que precisam fazer hoje para garantir sua segurança financeira daqui a alguns anos. Vejo mulheres casadas pela segunda vez que não se preocupam em proteger os bens adquiridos antes de se recasarem e não se sentem à vontade para abordar questões financeiras com os novos maridos. Vejo mulheres divorciadas de todas as idades que entram em pânico geral quando precisam enfrentar a realidade de não saber quanto dinheiro têm, o que fazer ao receber seu quinhão da partilha e se serão ou não capazes de manter o mesmo estilo de vida após o divórcio. Querem saber o que é mais triste ainda? Ouvir mulheres mais velhas usarem palavras como "impotente" e "inútil" para se descreverem. Essas mulheres amargam um bocado de arrependimento quando pensam na maneira como levaram suas vidas financeiras.

Então por que todas vocês fazem isso? Por que cometem voluntariamente suicídio financeiro e ainda por cima com um sorriso nos lábios?

Vou tentar explicar de outro jeito. Pergunte-se o seguinte: **Por que será que as mulheres, tão competentes em todas as outras áreas da vida, não exibem a mesma competência quando se trata de dinheiro?**

Vivo fazendo essa pergunta — a mim mesma e a outras mulheres. Claro que não existe uma resposta única. Depois de muita reflexão, eis o que concluí:

A relação entre as mulheres e o dinheiro é sem dúvida um assunto complicado, que muito tem a ver com a nossa história e tradições, tanto em termos sociais quanto familiares. Essas questões arraigadas são enormes obstáculos a superar, e isso não acontece da noite para o dia. Talvez várias gerações sejam necessárias para promover mudanças dessa grandeza no nosso comportamento cotidiano. Vamos explorar esses temas com maior profundidade nos próximos capítulos, já que indubitavelmente eles estão na raiz deste problema. No entanto, teremos que encarar esta questão também do ponto de vista comportamental, pois aspectos que são característicos da nossa natureza nitidamente influenciam a maneira como lidamos com o dinheiro.

Pense nisto: costuma ser uma crença disseminada o fato de que ser maternal é um instinto feminino básico. Nós nos damos aos outros; cuidamos da família, dos amigos, dos colegas. Cuidar faz parte da nossa natureza. Por que, então, não cuidamos do nosso dinheiro? Por que não queremos cuidar do nosso dinheiro com a mesma dedicação com a qual cuidamos dos nossos maridos, companheiros, filhos, animais de estimação, plantas e tudo o mais que nos é caro?

Quero que você reflita sobre esta pergunta. A resposta é crucial para desvendar o que acontece aqui e está impedindo você de agir. Assim, pergunte-se novamente:

Por que não dedicamos ao nosso dinheiro o mesmo cuidado e atenção que devotamos a todos os outros relacionamentos importantes em nossa vida? Porque não temos um relacionamento com o nosso dinheiro. Correção: temos, sim, só que se trata de um relacionamento totalmente disfuncional. Vou explicar por que digo isso. Por toda parte, vejo mulheres que se recusam a lidar com o próprio dinheiro até serem forçadas a fazê-lo — por causa do nascimento de filhos, de um divórcio ou de uma morte, por exemplo. Em outras palavras, não nos relacionamos com ele até nos vermos em situações extremas, aquelas que alteram a vida, nas quais não nos resta alternativa senão enfrentar o assunto "finanças". Até então, não havíamos aplicado aquele impulso maternal inato quando a questão era cuidar do nosso dinheiro — e, por extensão, de nós mesmas. Não conseguimos sequer aceitar como fato o seguinte: que o **nosso dinheiro na verdade é uma extensão de nós mesmas.** Em vez disso, insistimos num relacionamento disfuncional: ignoramos o nosso dinheiro, nos negamos a reconhecer as suas necessidades, temos medo dele, medo de fracassar, medo de que ele exponha nossas falhas, o que gera vergonha. E o que fazemos com todos esses sentimentos incômodos? Nós os reprimimos, nós os arquivamos, não lidamos com eles. É muito mais fácil ignorar por completo o assunto "dinheiro". E quanto mais o ignoramos, mais a situação piora. Com o passar do tempo, cresce o nosso medo de que seja tarde demais para aprender, tarde demais até para tentar. Então desistimos. Quem gosta de um relacionamento fracassado? Ninguém. É melhor não ter relacionamento algum a ter um relacionamento fracassado...

Mas o dinheiro não é uma pessoa que se possa riscar da vida. Precisamos de dinheiro para viver.

Por isso, vamos virar do avesso essa teoria do relacionamento e nos fazer a seguinte pergunta: o que é preciso para que nos tornemos competentes e bem-sucedidas na administração do nosso dinheiro, para que nos tornemos as mulheres responsáveis que devemos ser?

Temos que desenvolver um relacionamento saudável e honesto com o nosso dinheiro. E precisamos encarar esse relacionamento como um reflexo do nosso relacionamento com nós mesmas.

Não dá para ser mais direta nem enfática: a forma como nos comportamos com o nosso dinheiro, como tratamos o nosso dinheiro, diz muito sobre a forma como nos vemos e nos avaliamos. Se não temos poder com relação a ele, não temos poder, ponto final. O que está em jogo aqui não é apenas o dinheiro — é muito mais que isso. Tem a ver com a sua noção de quem você é e o que merece. Um patrimônio duradouro só é possível quando se tem uma noção saudável e consistente de autoestima. E nesse momento o alheamento financeiro — esse relacionamento disfuncional — é uma barreira para tanto.

Quando se convencer plenamente desse fato e se apegar a ele como uma verdade absoluta, você também vai entender que o seu destino depende da saúde desse relacionamento. Você se acha, honestamente, preparada para apostar no que tem agora? Ou, ao contrário, acredita que tem a capacidade, a determinação e o poder para fazer esse relacionamento funcionar — com a mesma segurança com que cuida com carinho de todas as pessoas que ama na vida?

Como consertar esse relacionamento?

Da mesma forma como faria com qualquer relacionamento comprometido: reconhecendo os próprios erros, assumindo responsabilidades e se dispondo a agir de uma maneira que produza uma mudança para melhor. No caso da sua relação com o dinheiro, isso significa tomar decisões financeiras de peso, decisões que objetivem tornar você mais poderosa e segura. Se você tratar o dinheiro com o respeito que ele merece hoje, sem perder isso de vista em todas as ações que praticar, mais adiante ele cuidará de você, quando você não puder mais cuidar dele. Observe que respeitar o seu relacionamento com o dinheiro é a chave não apenas para a sua segurança e independência, mas também para a sua felicidade.

Falemos um pouco, agora, de felicidade.

A verdade nua e crua é que **nada afeta mais diretamente a sua felicidade do que o dinheiro.**

Já sei: algumas de vocês estão horrorizadas com essa ideia, quem sabe até ofendidas. "Suze, que horror!" A felicidade tem a ver com todas as coisas que o dinheiro não pode comprar — saúde, amor, respeito —, certo? Absolutamente certo — tudo isso é essencial para uma vida feliz. Tudo tem a ver com quem você é e não com o que você tem. Mas o tipo de felicidade de que estou falando é a sua qualidade de vida — a capacidade de aproveitar a vida, de desfrutar todo o potencial que ela oferece. E desafio qualquer um a dizer que isso não seja um fator de influência na felicidade como um todo.

Vamos, juntas, passar em revista isso tudo. Sim, eu sei que a sua saúde e a dos que lhe são caros é fundamental, mas me diga o que aconteceria, Deus nos livre, se alguma de vocês ficasse doente. Você não iria querer o melhor tratamento que o dinheiro pode comprar? Não ficaria grata por ter um bom plano de saúde? E não é o dinheiro que paga o teto sobre a sua cabeça e permite que você se mude para um bairro com ótimos colégios? Não é o dinheiro que permite que você se aposente cedo ou largue o emprego para voltar à faculdade e correr atrás de uma nova carreira?

Por que, então, relutamos tanto em aceitar plenamente esse conceito, o de que o dinheiro é um fator determinante para encontrar a felicidade? Por que será que numa pesquisa recente, chamada "Felicidade genuína", não havia uma única pergunta ou resposta que contivesse a palavra *dinheiro*? O que me incomoda nisso tudo é que eu acho uma mentira não admitir o poder que o dinheiro tem de tornar nossas vidas melhores e mais felizes. Não é educado falar dele socialmente? Foi isso que você aprendeu desde pequena? Ora, estou aqui para lhe dizer que não se trata apenas de um problema de semântica. Acredito que essa "conspiração do silêncio" é um outro motivo pelo qual tantas mulheres permanecem na ignorância quanto a assuntos financeiros. Costumo dizer que devemos ter cuidado com as nossas palavras, pois palavras se tornam ações. Ora, o oposto também é verdade: o silêncio conduz à inação. Não falamos de dinheiro com nossos amigos, nossos pais, nossos filhos — e é por isso que nos metemos em apuros. Como se espera que ensinemos a nossos filhos, que nós mesmas aprendamos, se não existe um fluxo livre e franco de informações sobre o dinheiro? Por que nos comportamos tão descuidadamente com o nosso dinheiro? Será que agiríamos assim se acreditássemos que a nossa felicidade depende dele? Vou lhe dizer uma coisa: se continuamos negando ao dinheiro o seu papel em nossas vidas, se não lhe dermos o respeito que sem dúvida ele merece, com certeza acabaremos infelizes.

O que você realmente tem que entender e acreditar é que cada uma de nós possui mais do que é preciso para poder controlar o próprio destino financeiro. O que peço agora é que você junte a inteligência e a competência incríveis que lhe são de tanta utilidade nas outras áreas da vida e as aplique ao seu dinheiro. Qualquer pessoa capaz de administrar uma casa, dirigir uma empresa ou um departamento, organizar um rodízio de condução para a escola ou correr uma maratona está plenamente habilitada a assumir o controle do qual falamos aqui. Qualquer esposa, companheira, mãe, irmã, filha, amiga, acompanhante, tia, avó ou colega de trabalho solidária e carinhosa tem as ferramentas necessárias para construir um relacionamento sólido com o próprio dinheiro e fazer o tipo de escolha financeira inteligente que a ajude, em lugar daquela escolha que representa uma autossabotagem. **É nisso que se resume o controle do seu destino financeiro: saber o que fazer e o que não fazer — e ter a convicção e a segurança para partir para a ação. Não apenas pensar. Ou se dispor a agir na semana ou no mês que vem. Partir para a ação. Agora mesmo.**

Assuma primeiro esse compromisso com você mesma e prometo ajudá-la. Imaginemos, juntas, o que é possível...

Imagine: Abrir a conta do cartão de crédito todo mês e saber que vai ser capaz de quitá-la.

Imagine: Saber que fez tudo para garantir a segurança da família se algo lhe acontecer.

Imagine: Manter um relacionamento exclusivamente por amor e não porque você não faz a mínima ideia de como se viraria financeiramente sozinha.

Imagine: Gostar de você mesma o bastante para escolher um parceiro que não precise ser salvo por você.

Imagine: Quitar já o financiamento da sua casa própria. Não precisar mais pagar as prestações. Ninguém jamais poderá tomar sua casa de você.

Imagine: Saber que um dia vai poder se aposentar com conforto.

Imagine: Criar filhos que aprendam com você como é bom viver com os próprios recursos em vez de viver acima das suas posses.

Imagine: Saber que você ajudou seus pais a levarem vidas plenas até o fim, sem medos nem incertezas.

A recompensa pelo seu compromisso extrapola o campo financeiro. Ter um relacionamento saudável com o dinheiro dá a você condições de se relacionar melhor com todo mundo. Tudo caminha junto. Uma mulher que é mais confiante e segura financeiramente é uma mulher mais feliz. E uma mulher mais feliz terá mais condições de dar carinho, presença e apoio a todos ao seu redor.

Tudo isso é possível.

SUA PRÓPRIA VIDA RICA: UM EXERCÍCIO

Minha amiga Allee Willis compõe grandes sucessos musicais. Tem a vida criativa com que todas sonhamos — o trabalho é a sua paixão, e a sua paixão é o trabalho. Construiu uma vida dedicada a alimentar a própria criatividade e encontra inspiração no dia a dia. Tudo, até o mais simples lápis que existe em sua casa, diz ela, se destina a lhe trazer inspiração e deleitar seus sentidos: Allee adota uma abordagem holística e integradora com relação à vida. No entanto, há uma área da própria vida que ela encara como algo independente e alheio: suas finanças. Nós duas nos correspondemos um bocado no último ano. Um recente sucesso da Broadway, *The Color Purple* [A cor púrpura], obrigou-a a fazer um inventário de suas posses e, felizmente, a abrir espaço para mais. "Financeiramente, estou em ponto morto", me escreveu ela no ano passado.

"Eu costumava pensar que relutava em lidar com dinheiro por medo, mas me dei conta de que não consigo fazer nada a menos que me envolva de coração. O que é quase impossível quando a minha cabeça também não está presente. Se eu entendesse mais, iria acabar apaixonada por gerenciamento financeiro e deixaria de ver essa área da minha vida como algo independente e alheio ao restante. Quando gosto de alguma coisa, isso se torna parte de um cenário criativo maior, e aí consigo permanecer ativa, interessada e entusiasmada."

Respondi com uma certa dureza: fiz com que visse que cultivava os projetos até que estes tivessem sucesso e então recebia o pagamento e gastava o dinheiro em coisas supérfluas, férias ou com outras pessoas. Cuidava do mundo simplesmente porque podia se dar a esse luxo. Chegara a hora de livrar-se de todas as quinquilharias em sua vida e se concentrar no que lhe traria segurança a longo prazo. Falei duro com ela — e ela revidou na mesma moeda.

Allee me acusou de não entender sua definição do que é ser rico e de não ser compreensiva o bastante com relação às lutas travadas por gente criativa como ela. Defendeu o ambiente que criava, dizendo que ele a enriquecia visual, estética e espiritualmente — uma necessidade fundamental para o estado de espírito de uma artista. "Ser rico significa coisas diferentes para cada pessoa", escreveu-me ela. "A segurança financeira é a sua energia vital, a liberdade criativa e de expressão, a minha. Se você consegue viver a vida em todas as suas formas e sentir-se integrada a ela, tenha certeza: você é a pessoa mais rica do mundo. E quando se está em sintonia com isso, reconhecendo o valor das coisas materiais para a criação desse ambiente, os sentidos ficam criativamente sintonizados o tempo todo. Eu sei que a segurança financeira torna tudo isso melhor. Tenho no mínimo cinco exemplares de *The 9 Steps to Financial Freedom* comprados um de cada vez porque já estava cansada de me sentir frustrada, envergonhada e assustada por não ter a minha vida financeira sob controle. Num surto em que disse a mim mesma 'Sou capaz de fazer isto!', li o livro. Mas dar os passos para reverter a situação depois de passada a segurança de lê-lo revelou-se demais para mim. Você precisa falar comigo a partir de uma posição em que entenda como gente como eu funciona. Preciso que você veja os méritos de incorporar o meu jeito de ser."

Todas as vezes em que me sentei para escrever este livro, procurei seguir à risca essas palavras, pois Allee verbalizou a missão dele: motivar as leitoras a agir, falando com elas como alguém que as entende.

Uma semana depois, recebi um e-mail surpreendente de Allee: "Dei um passo enorme na semana passada logo depois de mandar para você aquele e-mail", escreveu. Ela depositou dinheiro em contas que pagavam juros maiores. Quitou boa parte do financiamento da casa. Teve uma longa conversa com seu contador. "Depois de ler os seus livros e matutar sobre tudo isso, entendi direitinho. Finalmente estou me mexendo! Mas aquele e-mail que lhe escrevi a respeito do que é, para mim, a verdadeira riqueza foi que me fez, afinal, tomar providências. Adoro a minha vida e pretendo vivê-la mais intensamente ainda, coisa que os ganhos financeiros me permitirão fazer."

As circunstâncias de Allee são especiais, e sem dúvida ela é muito afortunada, mas tive a ideia de contar sua história — e o processo por que passou — porque fiquei surpresa e fascinada com aquilo que finalmente a motivou a agir. O exercício de pôr em palavras o que ela mais valorizava na própria vida foi a maior motivação de todas. Eu gostaria que você encontrasse uns instantes de tranquilidade para pôr no papel sua própria concepção de uma vida rica. Recorde a você mesma o que mais ama em sua vida — e como seria bom se pudesse aproveitá-lo mais intensamente. Verbalize para si mesma o que você mais preza. Acredito que em algum lugar desse discurso você descubra sua própria motivação para aprender e agir, conquistando o destino que lhe peço para ousar imaginar para si mesma.

3
Nem vergonha, nem culpa

Para construir um relacionamento saudável com o dinheiro, existem algumas atitudes que você vai precisar deixar de lado — para sempre. Em primeiro lugar estão dois dos maiores pesos que as mulheres carregam, invisíveis obstáculos siameses pertencentes ao nosso passado: o ônus da vergonha e a tendência de jogar a culpa em alguém.

Você não se sente segura quanto ao seu conhecimento sobre como funciona o dinheiro e por isso se esconde por trás da vergonha de se sentir assim, delegando a outros as decisões ou ficando presa a um padrão de inércia. Você se envolve no manto da vergonha em lugar de revelar seus defeitos — afinal, você é alguém que age! Você tem que ser tudo para todo mundo: mãe, esposa, filha dedicada, amiga compreensiva, voluntária na comunidade, versátil em casa e no trabalho. Não há lugar nesse conjunto para demonstrar incerteza! E também não há tempo para aprender — *quem tem tempo?* Você é muito ocupada. Além disso, diz a si mesma: "Eu devia ter aprendido isso há séculos." Quando foi que todo mundo aprendeu, menos você? Quem sabe você faltou à aula naquele dia... A essa altura, é simplesmente vergonhoso demais mostrar o quanto você não sabe.

E quando não é o manto da vergonha, o que entra em ação é a tendência a jogar a culpa em alguém. "A culpa não é minha!", diz você. "(a) A sociedade (b) Os meus pais (c) Meu marido/ex-marido (d) Todas as alternativas anteriores... me impediram! Onde estavam os exemplos? Ninguém me ensinou, ninguém me mostrou o que fazer, alguém sempre tomou as decisões financeiras por mim." Não que eu esteja minimizando esses fatores ou zombando de você. Essas queixas em boa parte são legítimas. Os costumes por tanto tempo arraigados na sociedade e no lar não ajudaram as mulheres a obter o conhecimento financeiro necessário para se tornarem participantes competentes e informadas quando se trata dos próprios negócios. Ainda hoje, ninguém vai lhe entregar isso de bandeja — você mesma vai ter que correr atrás. Acho surpreendente que alguém passe 12 anos na escola, quatro ou cinco na faculdade e depois faça pós-graduação, e em nenhum ponto desse percurso lhe ofereçam uma única aula de finanças pessoais.

Mas me responda: aonde você vai chegar jogando a culpa em alguém? A resposta é: a lugar algum. **Pôr a culpa em alguém torna você impotente.** É preciso deixar isso de lado e se tornar quem você deve ser. E o que a vergonha lhe traz de bom? **A vergonha só serve para impedir que você progrida.** Este livro tem a ver com olhar para a frente, e não ficar emperrada no passado. É bom entender como chegamos até aqui, mas nossa próxima tomada de fôlego precisa conter uma determinação de seguir em frente, na direção de um futuro totalmente diferente, um destino todo seu. Quero que você utilize o seu passado para empurrá-la para o futuro, em lugar de fazê-la permanecer na ignorância do que não existe mais.

"É fácil falar, Suze." Foi o que você pensou? Será que está se perguntando como é que eu posso saber qual é a sua situação? Afinal de contas, sou rica! Tenho tudo de que preciso, tudo que quero. Você está certa — sou rica. Mas não foi sempre assim. Você acha que fui criada numa família endinheirada, que pagou uma educação fabulosa para mim? Acha que fiz pós-graduação numa faculdade de administração famosa? De jeito nenhum. Talvez pense que arrumei um marido rico. Nada disso — na verdade, nunca me casei (provavelmente por isso tenho dinheiro hoje!). Vou lhe contar de onde vim e como cheguei até aqui para que você entenda que não há desculpa, vergonha ou culpa capaz de impedi-la de se tornar o que deve ser e de ter tudo o que merece.

A história de Suze

Quando era pequena, eu tinha um problema de dicção. Não conseguia pronunciar as letras *r*, *s* ou *t* direito, trocando o *t* por *b* e o *f* por *t*, por exemplo. Até hoje, se alguém prestar atenção na maneira como falo, ainda notará que pronuncio algumas palavras de forma incorreta. Na infância, por não falar como devia, eu também não conseguia ler muito bem. Na escola primária, na zona pobre de Chicago, havia provas de leitura e eu sempre tirava as notas mais baixas da sala. Num certo ano, um professor resolveu agrupar os alunos de acordo com as notas de leitura. Minhas três maiores amigas foram parar em carteiras da primeira fila, enquanto eu fui exilada para o fundo da sala. Eu, que sempre me senti secretamente idiota, via agora a confirmação oficial diante de todos. Vergonha é pouco.

Essa sensação de não corresponder às expectativas em termos escolares continuou a me perseguir ao longo do ensino médio e da faculdade. Eu sabia que nunca seria grande coisa, não adiantava nem tentar. Ainda assim, na minha família e nas famílias dos meus amigos, todos cursavam a faculdade. No meu caso, caberia a mim pagar meus estudos porque meus pais passavam por uma fase de problemas financeiros. E nos Estados Unidos, as melhores universidades são pagas — e caras. Minhas únicas opções eram a universidade local ou uma faculdade estadual. Candidatei-me à Universidade de Illinois em Urbana-Champaign, e, para meu espanto, embora não tenha ido bem nos testes de aptidão, fui aceita. Quando cheguei lá, tive uma reunião com um orientador vocacional que me perguntou o que eu pretendia estudar. Respondi que queria ser neurocirurgiã. Ele examinou minhas notas e disse: "Acho que não vai dar. Você não tem os requisitos. Por que não tenta algo mais fácil?" Fiz uma rápida pesquisa e descobri que o curso mais fácil era o de assistente social, razão pela qual me inscrevi nele. Por que não pegar a estrada mais fácil? Por que me esforçar mais?

Durante o meu primeiro ano na Universidade de Illinois, morei no alojamento da avenida Flórida, no quarto 222, trabalhando na cantina do dormitório sete dias por semana para pagar as contas. No meu segundo ano, dividi um apartamento de um cômodo, fora do campus, com duas amigas que conheci no dormitório, Carole Morgan e Judy Jacklin. Judy tinha um namorado hilário chamado John Belushi, e nós quatro vivemos uma baita aventura nos três anos seguintes (sim, ele mesmo, o John Belushi que se tornou um superastro depois de fazer o programa humorístico *Saturday Night Live*. Judy e John se casaram, e o resto todo mundo sabe, mas isso já é assunto para outro livro).

Eu deveria me formar em 1973, mas não me deram o diploma porque não cursei uma língua estrangeira. Mais uma vez, a vergonha dos meus anos de escola me puxou para trás. Se eu tinha dificuldade com o inglês, como iria aprender uma língua estrangeira? Resolvi abandonar a faculdade sem diploma. Queria conhecer os Estados Unidos. Queria ver como era um morro... uma montanha... o Grand Canyon!

Pedi emprestados US$1.500 ao meu irmão para comprar uma van Ford, e com a ajuda da minha amiga Mary Corlin (amiga do peito até hoje) transformei a van num lugar onde pudesse dormir durante a viagem de uma costa à outra do país. Convenci três amigas — Laurie, Sherry e Vicky — a irem comigo. Meu medo era grande demais para fazer essa viagem sozinha. Com US$300 e uma van-trailer como únicos bens, partimos para conhecer os Estados Unidos. Sherry e Vicky saltaram em Los Angeles, mas Laurie e eu prosseguimos até Berkeley, na Califórnia. Quando nos aproximávamos da cidade, fomos paradas por um homem com uma bandeira vermelha, que havia interrompido o trânsito para que algumas árvores cortadas naquele dia pudessem ser retiradas da pista. Naquele ano, uma geada havia matado muitos eucaliptos nas colinas de Berkeley. Saí da van para dar uma olhada e caminhei até o homem com a bandeira vermelha. Perguntei se estavam precisando de gente para trabalhar. Ele me apontou o patrão, e num piscar de olhos Laurie e eu conseguimos nossos primeiros empregos, na Coley Tree Service, ganhando US$3,50 por hora. Trabalhamos como coletoras de árvores durante dois meses, morando na van e usando a casa de uma amiga, que ficava perto, para tomar banho.

Quando chegou a hora de seguir em frente, me candidatei a um emprego de garçonete na padaria Buttercup, um lugarzinho ótimo onde costumávamos tomar café. Fiquei encantada quando consegui o emprego. Na Buttercup encarei sem medo a vergonha de não ter terminado a faculdade e fui estudar espanhol na Universidade Estadual Hayward. Finalmente, em 1976 consegui meu diploma na Universidade de Illinois. Era uma universitária formada trabalhando como garçonete. Continuei na Buttercup, onde ganhava mais ou menos US$400 por mês, até 1980, quando fiz 29 anos (faço as contas para você: isso mesmo, tenho 58 anos).

Depois de servir mesas durante seis anos, me ocorreu que eu podia ser mais que uma garçonete. Queria ter meu próprio restaurante. Liguei para os meus pais e pedi emprestados US$20 mil. Minha mãe me respondeu: "Meu bem, de onde acha que vamos tirar isso? Não temos esse dinheiro todo para lhe dar." Eu devia ter pensado melhor antes de pedir algo que meus pais não tinham como dar. Não há nada que um pai ou uma mãe deseje mais do que ajudar um filho a realizar um sonho. Eu sabia que mamãe faria qualquer coisa para me ajudar, mas não tinha como. Me senti péssima.

No dia seguinte no trabalho, um sujeito que eu atendia há seis anos, Fred Hasbrook, percebeu que eu não estava animada como de costume. "O que houve, menina? Você está meio tristinha", disse ele. Contei que havia pedido emprestados US$20 mil aos meus pais. Fred tomou seu café e depois conversou com alguns dos meus outros antigos fregueses. Antes de ir embora, Fred veio até o balcão e me entregou um cheque de US$2 mil assinado por ele e um punhado de outros cheques e vales dos outros fregueses, no total de US$50 mil, com um bilhete que dizia: "Isto é para pessoas como você, para que os seus sonhos se realizem. A ser pago em dez anos, sem juros." Não acreditei no que li.

— Tenho que lhe perguntar uma coisa, Fred — disse. — Estes cheques vão voltar como voltam todos os meus?

— Não, Suze — respondeu ele. — Só peço que você deposite este dinheiro numa conta que renda juros na Merrill Lynch até juntar o suficiente para abrir seu restaurante.

— Fred, o que é Merrill Lynch? E o que é uma conta que rende juros?

Depois de uma rápida aula dada por Fred, fui até o escritório da Merrill Lynch em Oakland para depositar o dinheiro. Lá me atendeu o corretor de plantão — aquele que estava encarregado de atender todos os clientes que entrassem na agência naquele dia. Meu corretor se chamava Randy. Contei-lhe como conseguira o dinheiro e disse que tinha que aplicá-lo de forma segura. Expliquei que ganhava apenas US$400 por mês como garçonete e que precisava juntar mais dinheiro para poder abrir meu próprio negócio. Ele me olhou e perguntou:

— Suze, que tal um lucro rápido de US$100 por semana?

— Acho ótimo — respondi. — É o que ganho no meu emprego.

— Assine aqui na linha pontilhada e vou ver o que posso fazer.

Fiz exatamente o que ele pediu, sem pensar nem por um momento o quão idiota ou arriscado seria assinar um papel em branco. Afinal, Randy trabalhava na Merrill Lynch e Fred havia me dito que a Merrill Lynch era um ótimo lugar para fazer negócio.

(Antes de continuar, quero apenas dizer que essa não é uma crítica à Merrill Lynch. A Merrill Lynch é uma corretora ótima, respeitável e honesta, mas os chefões do escritório de Oakland haviam contratado alguém que não estava à altura do padrão da empresa. Se você tiver uma conta na Merrill Lynch ou quiser abrir uma conta lá, vá em frente; essa ovelha negra específica já se foi há muito tempo. Volto a esse assunto depois...)

Descobriu-se que, depois que saí, Randy preencheu os papéis que assinei de modo a parecer que eu podia investir com risco o dinheiro que depositei na conta. Ele me envolveu numa das estratégias mais especulativas de investimento — a compra de opções. No início, ganhei um bocado de dinheiro. Fiquei encantada. Encontrei o local perfeito para o meu restaurante e mandei um arquiteto fazer o projeto. Meu sonho estava ao meu alcance. Outras pessoas acreditaram em mim e me emprestaram mais dinheiro. Íamos de vento em popa — isto é, até os mercados virarem. Em três meses, perdi todo o dinheiro que tinha depositado. Tudinho. Fiquei sem saber o que fazer. Devia uma montanha de dinheiro e sabia que não tinha como pagar. Continuava ganhando apenas quatrocentos dólares por mês!

Durante esse tempo, acompanhei o que Randy fazia, tentando aprender o máximo possível. Assistia ao *Wall Street*

Week na tevê educativa[1] toda sexta-feira à noite e lia publicações sobre finanças como o *Barron's* e o *Wall Street Journal*, equivalente norte-americano do jornal *Valor Econômico*, no Brasil. Colei as páginas com as cotações das ações e das opções nas paredes do meu quarto. Depois de perder todo o dinheiro, disse a mim mesma: "Olha, se Randy pode ser corretor, eu também posso — afinal, parece que eles só sabem fazer todo mundo ficar mais duro!" Vesti a minha melhor calça, listrada de vermelho e branco, enfiei-a nas minhas botas brancas de caubói e arrematei com uma bata de seda azul. Me achei o máximo! Minhas amigas na Buttercup também. Todas me desejaram boa sorte quando saí para uma entrevista de emprego para o cargo de corretora no mesmíssimo lugar em que havia perdido todo o meu dinheiro.

Cinco homens me entrevistaram naquele dia, e todos me perguntaram por que eu estava vestida daquele jeito. Respondi que não sabia que não devia estar vestida daquele jeito. Eu não conhecia, propriamente, mulheres que pudessem me servir de exemplo. Num piscar de olhos, lá estava eu sentada diante do gerente do escritório, que parecia tão chocado quanto os outros corretores que me entrevistaram antes. Durante a entrevista, chegou mesmo a me confidenciar que achava que lugar de mulher era dentro de casa e grávida. Vendo que nada tinha a perder, perguntei quanto ele me pagaria para eu ficar grávida.

— Mil e quinhentos dólares por mês.

E, para meu espanto, ele me contratou, embora também tenha me dito que não acreditava que eu passasse de seis meses no cargo. Até hoje estou convencida de que consegui o emprego unicamente porque havia uma cota feminina a ser

---

[1] No Brasil, programas especializados em mercado financeiro só existem nos canais de tevê a cabo, como o programa *Conta Corrente*, da Globo News, e a programação da emissora Bloomberg.

preenchida. No caminho para a saída, me entregaram um manual sobre o que vestir para ter sucesso. Aceitei o livro, fui direto à Macy's, abri um crediário e comprei US$3 mil em roupas.

Nunca senti tanto medo na vida quanto naquele primeiro dia de trabalho. Sabia que o meu lugar não era ali. Todos os corretores dirigiam Mercedes, BMWs e Jaguares. Eu tinha uma caminhonete Volvo 1967, comprada quando vendi a van. Eles deixavam seus carros num estacionamento pago. Nos primeiros seis meses, estacionei na rua, porque não tinha como pagar o estacionamento. Recebia multas sabendo que iria a juízo para pedir que me deixassem pagá-las com trabalho comunitário. Os outros corretores almoçavam em restaurantes chiques depois do fechamento da Bolsa; eu entrava no carro e ia até uma lanchonete diariamente e almoçava sozinha. Ainda assim, me sentia incrivelmente feliz e afortunada, pois, embora morresse de medo, também me entusiasmava muito. Todo dia aprendia palavras e conceitos novos — um mundo desconhecido se abria para mim.

Foi enquanto estudava para fazer meu exame da Série 7, uma prova obrigatória para todos os corretores que queiram vender ações nos Estados Unidos, que li uma norma segundo a qual um corretor tinha que conhecer o cliente — ou seja, um corretor não podia investir o dinheiro de alguém de forma especulativa ou arriscada se o cliente não estivesse em condições de perdê-lo. Eu havia dito a Randy que não podia me dar ao luxo de perder meu dinheiro, que estava economizando para abrir um negócio, que todo ele era emprestado. Concluí que Randy violara essa norma.

Adentrei o escritório do gerente e lhe disse que havia um salafrário trabalhando na empresa. Ele me respondeu que eu era uma universitária, que tinha que saber o que estava fazendo ao assinar aqueles papéis. Além disso, o "salafrário" ganhara um bocado de dinheiro para a empresa. Em seguida, mandou que eu me sentasse, calasse a boca e continuasse a estudar. Voltei para a minha mesa. Lembrei que ao ser contratada o gerente me dissera que eu não duraria seis meses. Faltavam apenas três para completar o prazo. O que eu tinha a perder? O que aconteceu comigo não estava certo. Eu tinha tempo para recuperar o dinheiro — ainda era jovem —, mas e se Randy fizesse o mesmo com a minha mãe, a minha avó ou algum idoso? A minha consciência não me permitia ficar de braços cruzados, eu precisava tomar alguma providência, pois sabia que fazer o certo era melhor do que fazer o que era fácil.

Acabei processando a Merrill Lynch — enquanto trabalhava para eles. O que eu não sabia na época era que eles não podiam me demitir por estarem sendo processados por mim. Quem diria! Meses e meses se passaram enquanto a ação corria, e ao longo daquele tempo me tornei uma das melhores corretoras do escritório. Antes que a ação fosse julgada, a Merrill fechou um acordo comigo. Devolveram todo o dinheiro acrescido de juros, o que me permitiu reembolsar todo mundo que havia me emprestado dinheiro.

Sempre que conto essa história, me perguntam que fim levou o Fred. Quando quitei o empréstimo, fiquei surpresa por ele não me procurar. Vez por outra eu escrevia ou ligava para ele e deixava recado, mas jamais tive retorno. Então, em maio de 1984, recebi a seguinte carta de Fred, que afinal descobri ter sofrido um derrame, motivo pelo qual não me procurou durante todo aquele tempo.

Querida Suze,

Eu não pretendia demorar tanto para lhe escrever agradecendo o cheque em pagamento do empréstimo da época da Buttercup. No entanto, parece que as palavras já não saem da minha boca com a mesma facilidade de antes. O cheque chegou num momento crítico dos meus negócios e por isso lhe sou grato.

Aquele empréstimo talvez tenha sido um dos melhores investimentos da minha vida. Quem mais poderia investir na garçonete de lindos olhos azuis e caráter que vale um milhão de dólares e assistir a esse investimento amadurecer para virar uma executiva bem-sucedida que continua a ter lindos olhos azuis e caráter de um milhão de dólares? Quantos investidores encontram uma oportunidade igual a essa?

Estou me esforçando para pôr meus negócios em ordem de modo que você e eu possamos ganhar algum dinheiro um para o outro. Até lá, gostaria de continuar na sua lista de amigos que lhe desejam o melhor de tudo, independente dos caminhos que você venha a trilhar no futuro.

Com carinho,
Fred Hasbrook

Fred faleceu faz alguns anos. Jamais esquecerei o homem que acreditou em mim, que me ajudou a deixar de lado a minha vergonha e a reescrever a história que a história me legou.

Reescreva a história que a história legou a você

Contei a minha história não para impressionar, mas para lhe servir de inspiração. Quero que você entenda que não é só o que aprendemos com nossos pais ou o que a sociedade nos passou que determina a identidade que podemos criar para nós mesmas, mas sim a maneira como decidimos escrever a nossa própria história, a maneira como decidimos levar a nossa própria vida.

Inúmeros exemplos na história e em várias culturas mostram como as mulheres foram excluídas e aprisionadas, logo não espanta que as mulheres hoje pelejem com o próprio dinheiro. É uma experiência estranha para elas. Ao longo dos séculos, sempre foi tarefa do homem pôr dinheiro em casa. Se fizéssemos um gráfico histórico para acompanhar a evolução das mulheres de não provedoras para provedoras, nosso novo papel de produtoras de renda mal apareceria nele, de tão recente que é.

E no entanto as mulheres chegaram muito longe e muito rápido no mercado de trabalho, do início do movimento feminista para cá. Lembram-se da estatística que mencionei no capítulo anterior? Quem poderia prever uma mudança tão rápida e dramática em um tempo tão curto? No trabalho, derrubamos costumes que tinham séculos — milênios — de idade. Por que, então, não demos o mesmo salto evolutivo no terreno das nossas finanças pessoais? Na minha opinião, isso tem muito a ver com o fato de que, apesar do que acontecia lá fora no mundo, dentro de casa os papéis tradicionais não se alteravam. Esses papéis ditavam que os homens administrassem as finanças. Olhe em volta: muitas executivas de sucesso decerto têm mães que deixaram nas mãos dos maridos as decisões financeiras de monta, conforme fizeram suas avós e bisavós. O ritmo da história continua a reger a marcha.

Em sintonia com o meu desafio para que usemos o passado para nos impulsionar para o futuro — para que reescrevamos a história que a história nos legou —, peço a você agora que se veja como uma agente de mudança em sua própria vida e em escala global. Essa mudança é necessária e urgente, por causa do mundo em que vivemos atualmente. Pense nas seguintes realidades da nossa vida no século XXI:

▲ A Previdência Social vai satisfazer uma fração ainda menor das necessidades de renda de um aposentado nas décadas vindouras, o que significa que você terá que depender de si mesma na aposentadoria muito mais do que dependiam seus pais e avós.

▲ Com o índice de divórcios girando em torno de 41%, muitas mulheres em algum momento da vida serão as únicas responsáveis pela administração do próprio dinheiro. Isso também se aplica ao segmento cada vez maior da população feminina que retarda o casamento ou opta por não se casar. E, é claro, também inclui o crescente número de lares com mães solteiras.

▲ Mesmo nos casamentos que dão certo, o dinheiro está hoje mais presente do que nunca como tema, principalmente em lares onde há uma dona de casa e mãe — atualmente, dar conta das despesas com a renda de um só é um enorme desafio. Devo dizer que a única maneira de fazer funcionar — e estou falando do casamento, não das finanças — é dividir a responsabilidade pelas decisões financeiras entre ambos os cônjuges. Do contrário, as brigas por dinheiro vão acabar separando vocês.

▲ As mulheres vivem, em média, seis anos mais que os homens, logo é estatisticamente provável que em algum momento da vida as finanças da família passem a ser assunto seu — exclusivamente seu.

▲ Também esperamos viver bem mais que os nossos pais ou avós. Ao mesmo tempo, nossas mães e pais também estão vivendo mais. Essa é uma boa notícia, mas acarreta uma responsabilidade adicional. À medida que ficam mais velhos, seus pais podem muito bem precisar da sua ajuda financeira para manter o estilo de vida a que estão habituados ou para pagar cuidados que possam vir a demandar.

Você já entendeu. Este não é mais o mundo da sua avó. Somos pioneiras.

Em nome de todas as mães que vieram antes de você e em nome de todas as filhas que virão depois, eu a convoco a sair do passado e entrar no futuro, munida de conhecimento e confiança. Isso significa deixar para trás velhas posturas, velhas desculpas e álibis ultrapassados para não se tornar tão competente e capaz na área das finanças pessoais quanto você é em todos os outros papéis que lhe cabem na vida. Se lhe pedirem para se descrever sem empregar as palavras *mãe*, *avó*, *filha* ou citar sua profissão, quero ouvir você dizer: "Sou poderosa, sou segura, tenho o controle do meu destino financeiro."

Chega de se esconder atrás de desculpas. Esconder-se é fácil demais. Vergonha e culpa nunca mais. Permitir que a vergonha atrase você — fácil demais. Jogar a culpa nos outros em vez de assumir a responsabilidade por si própria — fácil demais. Hoje estou lhe pedindo para fazer o que é certo, não o que é fácil.

Minhas amigas, vocês conseguem.

4
Você não está à venda

Estou ciente de que mudanças não acontecem da noite para o dia, ainda mais quando se trata de características e hábitos enraizados em sua personalidade graças a anos e anos de prática. A missão deste capítulo, portanto, é apontar algumas formas particularmente prejudiciais de autossabotagem, não com a finalidade de fazer você se sentir mal — lembre-se, nestas páginas vergonha e culpa não têm vez —, mas para convencê-la da importância de promover essa correção de postura.

A postura a que me refiro é a tendência das mulheres a se subestimarem. Acha que estou generalizando? Não acho. Preciso lhe dizer que vejo essa tendência e seus terríveis efeitos colaterais atuando com tamanha frequência que chega a me parecer uma epidemia. Um monte de mulheres — desde executivas até donas de casa — veem a si próprias, suas tarefas e seus talentos como se estivessem sempre à venda.

Eu sempre disse que, se você subestima o que faz, o mundo vai subestimar quem você é. E quando você subestima quem é, o mundo vai subestimar o que você faz. Com a minha experiência posso afirmar, infelizmente, que as mulheres são peritas em fazer ambas as coisas.

Chega de descontos
O grande problema que vejo é que as mulheres tratam a si mesmas como se fossem uma mercadoria cujo preço é fixado por terceiros. Isso significa que as mulheres acabam assistindo de camarote enquanto seu valor é reajustado para baixo.

Me diga se algum dos seguintes cenários lhe é incomodamente familiar:

▲ Seu chefe diz que o seu aumento será de 3% este ano, embora você saiba que os negócios vão muito bem, seu departamento tem o melhor desempenho da empresa e você merece um aumento de, no mínimo, o dobro do que estão lhe oferecendo. Mas não diz nada. Não consegue pedir um aumento que corresponda às suas realizações e ao seu valor para a empresa.

▲ Você tem seu próprio negócio de sucesso. Os clientes adoram o seu trabalho, o que faz com que a recomendem a outros. No entanto, embora suas despesas operacionais tenham aumentado 10% nos últimos três anos, você ainda não aumentou seus preços. Assim, em lugar de cobrar mais, assume um volume excessivo de trabalho a fim de gerar mais receita. Você trabalha como um burro de carga porque aparentemente não valoriza o que faz, mesmo que todos lhe digam que o seu desempenho é admirável.

▲ Você é uma mãe dona de casa. Seu marido trabalha muito e traz um contracheque decente para casa. Ele lhe dá dinheiro semanalmente para as despesas domésticas, mas depois de fazê-las não sobra nem um tostão para você comprar algo para si mesma. Como não está trabalhando, você acha que não tem o direito de pedir a ele mais dinheiro. Quando realmente precisa de alguma coisa, você fala; do contrário, prefere evitar a tensão e a humilhação inevitáveis de estender a mão para pedir.

▲ Você é uma massagista, manicure ou cabeleireira. Vem se saindo bem e ganhando um bom dinheiro. Só que toda vez que uma amiga ou colega sugere uma "troca" em que você preste seus serviços "de graça", você concorda. Na verdade, você não quer trocar — para ser franca, não tem grande interesse nos serviços que lhe serão prestados "em troca" —, mas mesmo assim concorda porque tem medo de ofender a outra pessoa. Essa "troca" não paga o aluguel nem a conta do cartão de crédito, mas por algum motivo você não consegue dizer não.

▲ Você tem um emprego e uma família que demandam a sua atenção em tempo integral, mas, quando a Associação de Pais e Mestres lhe pede para organizar a festa do colégio, você aceita. Eles sabem que podem contar com você; toda vez que a chamam como voluntária, você vai. Ser voluntária é coisa de mulher, não é mesmo? Faz parte do show...

Você se identificou com algum desses exemplos? Entendeu? Você trata a si mesma como se estivesse à venda. Reluta de tal maneira em fixar um valor real para o que faz que isso desvaloriza quem você é. E, como eu disse, também cria um ciclo vicioso: quando você subestima o que faz, inevitavelmente você — e aqueles à sua volta — subestimam quem você é.

Quando pergunto a mulheres que administram o próprio negócio por que se recusam a aumentar seus preços, elas me respondem que têm medo de priorizar as próprias necessidades. Quando me pergunto por que uma mulher que é uma funcionária leal e produtiva não insiste com o chefe para lhe dar um aumento significativo, concluo que a preocupação dela é ser um bom soldado em ação. Quando vejo uma dona de casa agindo como se o contracheque do marido fosse só dele e não dos dois, vejo uma mulher que não valoriza o trabalho extremamente valioso de administrar uma casa e de criar os filhos.

Você precisa sair da prateleira de produtos "À VENDA". Quando aprender a respeitar seu direito de ser plenamente valorizada, verá que é fácil e natural pedir ao mundo que respeite esse valor. Fixe seu preço e o mundo irá pagá-lo. Quando sair por aí se sentindo "mais que" em lugar de "menos que", obterá mais. Ninguém jamais adquiriu segurança financeira sendo fraco e medroso. A confiança é contagiosa; vai trazer mais para a sua vida.

Também é importante reconhecer que o seu tempo tem valor. O que vejo com demasiada frequência é que as mulheres concordam em dar sem calcular o custo de tal decisão. Se você tivesse que atribuir um preço ao seu tempo, precisaria levar em conta o ônus emocional e o ônus financeiro daquilo que está dando. O preço financeiro é óbvio: você está sendo paga justamente pelo seu tempo? O preço emocional é o custo de dizer sim. Quase sempre, você ignora ambas as avaliações quando a convidam para algum trabalho voluntário, o que nos leva à...

Síndrome do trabalho voluntário

Não há uma vez em que eu participe de uma conferência ou reunião feminina em que não haja uma conferencista que afirme que o trabalho voluntário é extremamente importante para as mulheres. O recado é sempre o mesmo: devemos retribuição à sociedade, e devemos aos nossos filhos o bom exemplo de retribuir. A plateia sempre concorda enfaticamente. Agora, vejamos o que eu acho fascinante: jamais — repito, jamais — vi um conferencista do sexo masculino afirmar o mesmo. Os homens falam de poder e sucesso e de como o dinheiro pode gerar mais poder. Os homens se sentem confortáveis com isso. As mulheres se sentem tão desconfortáveis com o tema de se tornarem poderosas e bem-sucedidas que precisam embrulhar qualquer discussão a esse respeito no confortável manto da prestação de trabalho voluntário. Por quê? Não se trata de uma crítica aos homens, mas simplesmente de uma observação quanto ao que ouvem os homens e o que ouvem as mulheres. Mais uma vez é por isso que temos que detonar o nosso passado e nos livrarmos dele.

Os homens se oferecem como voluntários? Claro que sim. Mas não do mesmo jeito. Os homens participam de conselhos, são treinadores da liga infantil. As mulheres, em compensação, fazem tortas, organizam a festa da escola, servem de guia para as crianças em excursões. De um modo geral, as mulheres costumam assumir tarefas que demandam mais trabalho e tempo e que pertencem aos bastidores. Além disso, a verdade é que as mulheres se oferecem mais como voluntárias do que os homens. Uma pesquisa recente em nível nacional nos Estados Unidos descobriu essa diferença: 33% das mulheres contra 25% dos homens. Se não está escrito no nosso DNA, só pode ser o resultado dos papéis tradicionais de uma época remota. Os homens saíam para trabalhar; as mulheres cuidavam da casa e ajudavam a comunidade a se desenvolver. Os homens doavam dinheiro; as mulheres não possuíam dinheiro para doar e por isso davam seu tempo. Olhe para a sua própria vida e me diga se isso ainda é verdade hoje. Aposto que não, o que significa que um ajuste de expectativa — coletivo — se faz necessário.

Mas quero deixar bem claro: não sugiro que cada minuto do seu dia deva ser "cronometrado", nem que você jamais deva oferecer voluntariamente o seu tempo. Você nem imagina como o meu recado passa longe disso. Ser poderosa nada tem a ver com ser egoísta, mas exige que você examine o seu comportamento e veja onde pode estar o descompasso. E que, quando tomar a decisão de doar seu tempo e esforço, saiba o verdadeiro valor do que está oferecendo.

A armadilha da troca

Você pode me dizer por que tantas mulheres que trabalham por conta própria têm dificuldade de cobrar por seus serviços? No instante em que um amigo, um colega ou mesmo um estranho sugere "trocar" serviços, elas concordam. Repito que, em si, essa não é uma má atitude, desde que você esteja em condições de arcar com a troca. Se precisa de dinheiro vivo para pagar o aluguel ou depositar no seu plano de previdência privada, por que, então, você vive concordando em trocar duas horas dos seus serviços de consultora por uma hora dos de uma amiga relações-públicas?

O dinheiro não é sujo. Querer e precisar de dinheiro não é errado. Quando tem um relacionamento saudável com o dinheiro, você conhece o valor e a importância dele na construção da vida segura que deseja para si própria e para sua família. Não ponha à venda o seu tempo e os seus serviços — nem os troque — até ter certeza de dispor do dinheiro de que precisa para cuidar de si mesma. Dinheiro primeiro, trocas depois. Este é o comportamento/relacionamento certo.

Agora, se resolver partir para a troca, quero que você se certifique de que ela é justa. Se o seu tempo vale R$100 a hora, já que é isso que você cobra dos clientes pagantes, mas a hora da sua amiga que deseja a troca vale R$50, essa não é uma troca de igual para igual. Você acaba de se desvalorizar de novo: está trocando a uma taxa 50% inferior àquela que corresponde ao seu tempo. Se estiver conscientemente fazendo um negócio com uma amiga porque deseja ajudá-la, tudo bem, desde que você realmente possa arcar com o ônus dessa benesse. Se doar a alguém uma hora de R$50 do seu trabalho e fizer isso uma vez por semana, vai deixar de ganhar para si mesma R$200 mensais. Se tiver uma dívida alta no cartão de crédito, serão R$200 que estará dando a outra pessoa em vez de se livrar da dívida. Por isso, não venha me dizer que não consegue arrumar dinheiro para investir em um plano de previdência privada; você acabou de dar R$200 de bandeja! A propósito, se você investir R$200 por mês em um plano de previdência todo ano pelos próximos vinte anos, seu capital vai chegar a mais de R$114 mil, admitindo-se um retorno médio de 8% anuais.

Esclarecedor, não? Então, por favor, fique atenta ao custo das trocas. Se tiver, realmente, condições de arcar com ele, ótimo. Mas não transforme em rotina dizer sempre sim, sempre concordar com quaisquer condições que a outra parte sugira. Quando você subestima o que faz, o mundo subestima quem você é. Essa é a antítese de ter poder e de controlar o próprio destino.

O VALOR DE FAZER O QUE VOCÊ GOSTA

Aí está uma categoria de profissionais que ainda não abordamos nessa discussão: artistas, escritores, professores, ativistas e outros que escolheram suas profissões não pela remuneração, mas pela satisfação e pela gratificação que o trabalho lhes proporciona. Espero que aquelas de vocês envolvidas nesse tipo de trabalho se deem conta diariamente de que não estão à venda, que estão fazendo o que gostam, e o quanto o restante de nós lhes agradece pelo que fazem.

Eleve as suas expectativas

Em virtude do que faço profissionalmente, as mulheres não demoram para me desnudar suas vidas financeiras. Adoro ouvir, sempre tento ajudar quando me pedem conselhos e, em compensação, estou sempre descobrindo o que as mulheres pensam sobre o dinheiro e como se sentem com relação a ele. Quer saber o que vejo o tempo todo? Mulheres mortas de medo de exigir que lhe paguem o que elas valem. De donas de casa a executivas que administram orçamentos multimilionários e que recebem aumentos vis a massagistas ou manicures temerosas de aumentar seus preços, essa situação é endêmica, bem como um segredo vergonhoso que as mulheres guardam, constrangidas demais para contar até aos amigos mais próximos. Felizmente, elas costumam confessar essas coisas a mim.

Vejamos esta história:

Conheço uma massagista que é tão fabulosa que nunca tem hora. Chamada por uma senhora que machucara as costas, ela disse que seu preço era de R$80 a hora. A senhora achou caro. "Eu lhe pago sessenta", propôs à massagista. Sabe o que fez a minha amiga massagista? Baixou seu preço para R$70,00. A cliente reclamou que ainda estava muito caro, mas concordou, relutante, e marcou uma hora. No dia agendado, quando a massagista estava a caminho da casa dela, o celular tocou. Era a cliente — cancelando a sessão.

A tendência de quem ouve a história é culpar a cliente — que grosseria desmarcar a sessão, que mesquinharia etc. Nada disso. A massagista fez por onde. Eu lhe disse isso. Ela se pôs à venda; quando baixou seu preço, instigou a cliente a barganhar com ela. E se tivesse o poder para dizer "Olhe, na verdade valho ainda mais que R$80, por isso o preço é este. É pegar ou largar", e a mulher desistisse? O que teria acontecido? A massagista teria preenchido aquela hora com alguém disposto a pagar o preço integral. Teria poupado a si mesma a viagem inútil até a casa da cliente, ou, melhor ainda, a cliente respeitaria a convicção da profissional, concordaria com o preço e manteria a hora marcada. Adoraria a massagem e, além de agendar novas sessões, ainda contaria a todo mundo que conhecesse como era boa aquela massagista.

Ora, sei que todo mundo gosta de uma pechincha. Não há nada de errado nisso, mas pôr a si mesma à venda já é outra história. Quem faz isso consigo mesma é você — e não a outra pessoa. Você não é uma vítima das circunstâncias; num caso como este, você cria a circunstância. Pode escolher entre ser poderosa ou ser impotente. Lembre-se, essa escolha é sempre sua.

Mais uma história:

Uma amiga que trabalha para uma grande empresa me ligou para dizer que havia sido sondada por um concorrente que lhe ofereceu basicamente o mesmo emprego que ela tinha há vários anos com um salário de quase o dobro. Sua reação foi de choque e raiva. Naquele instante, ela percebeu como o salário que ganhava estava defasado em relação ao mercado e que vinha sendo explorada pelo patrão há anos. "É isso que você ganha por ser leal", queixou-se ela.

O conselho que lhe dei? Procure a sua chefe e sugira que está na hora de rever o seu salário. Mas antes livre-se da sua raiva e admita que você foi cúmplice nessa situação, permitindo que a explorassem durante todo esse tempo.

Perguntei a ela:

— Você realmente não fazia ideia de que ganhava tão menos do que devia estar ganhando?

Ela refletiu um instante e disse:

— Acho que uma parte de mim sabia, mas eu achava que éramos um time. Nunca imaginei que essa mulher que eu respeitava tanto e para quem trabalhava tão bem não fosse me remunerar na medida da minha competência. Eu acreditava quando ela falava em contenção de despesas.

— Mas você sabia que o seu departamento dava um lucro enorme, não?

Ela se deu conta de como soava ingênuo o seu argumento. Ainda assim, era preciso que assumisse a responsabilidade pelo papel que tivera nisso.

— Diga à sua chefe que você percebeu ter permitido que lhe remunerassem injustamente no passado, mas que agora quer corrigir isso e ser paga segundo o padrão vigente no mercado e de acordo com os lucros gerados pelo seu departamento — recomendei a ela.

A lição aqui é que você não pode partir do princípio de que só porque trabalha bem vai ser corretamente paga. Talvez algumas de vocês tenham patrões esclarecidos, sempre prontos a lhes dar aumentos que reflitam o seu esforço e o seu valor na empresa, mas essa não é a norma. Com efeito, isso acontece muito raramente. Esta é uma área onde as mulheres têm muito a aprender com os homens. Os homens gostam de negociar; os homens querem negociar. Vai levantar uma certa polêmica? Ora, um homem tem que fazer o que precisa ser feito, não é mesmo?

Muitas mulheres sentem um imenso desconforto diante da ideia de negociar seus salários. As pesquisas mostram que as mulheres são 2,5 vezes mais propensas do que os homens a dizer que negociar lhes causa "bastante apreensão". Em um desses estudos, os homens usaram a metáfora de "ganhar um jogo" para descrever o processo de negociação, enquanto as mulheres escolheram "ir ao dentista" como metáfora. Ai! Um jogo a ser vencido *versus* uma experiência dolorosa... Essa diferença de perspectiva pode custar um bocado às mulheres. No livro *Women Don't Ask: Negotiation and the Gender Divide* [As mulheres não pedem: a negociação e a diferença entre os sexos], as autoras Linda Babcock e Sara Laschever calculam que a falta de disposição para negociar o salário no seu primeiro emprego pode acabar lhe custando cerca de US$500 mil de rendimentos ao longo da vida. E acontece que os homens são quatro vezes mais propensos a negociar. Num outro livro, *Get Paid What You're Worth* [Receba o salário que você merece], dois especialistas em administração calculam que, se uma mulher negociar ativamente o próprio salário ao longo de toda a vida profissional, terá condições de ganhar potencialmente um milhão de dólares a mais do que se conformando com o que o patrão lhe oferecesse. Fica bem claro: se você não pede, em geral não recebe o que merece.

Vejamos como ter certeza de que você não está se pondo à venda quando se trata do seu salário:

▲ **Seja pró-ativa.** O passo mais importante é reconhecer que você precisa fazer isso acontecer. Conseguir mais exige pedir mais. Se você não está recebendo o que merece, não pode culpar outra pessoa ou situação externa por isso. Você é responsável por valorizar a si mesma e impor ao mundo esse valor. Isso tanto se aplica às funcionárias de empresas, grandes e pequenas, quanto a artistas e donas de casa.

▲ **Seja impaciente.** Não quero que você fique sentada à espera de que o seu patrão apareça como num passe de mágica e lhe diga que a empresa vai lhe dar uma promoção e um aumento. Se escolher essa abordagem, é bem possível que tome um chá de cadeira. Não lhe recomendo pedir um aumento seis meses depois de empregada. Seja realista. Mas se já se passou um bom tempo — digamos, dois anos ou mais — e nada de aumento, está na hora de agir.

▲ **Esteja preparada.** Diga a seu chefe que você precisa marcar uma hora com ele para discutir sua remuneração. Antes desse encontro, forneça-lhe um relatório de uma página sobre as suas realizações. Não de dez páginas, de uma só. A ideia é declarar em termos claros os benefícios que você trouxe para a empresa e por que está na hora de a empresa mostrar que valoriza o seu esforço. As palavras que jamais devem sair da sua boca são: "Mereço um aumento porque há dois anos não recebo um." Se eu fosse seu chefe, isso não me diria muita coisa. Mas se você listar todas as vezes que esteve à altura das expectativas ou as superou, chamará a minha atenção. O fato de você valorizar o que faz provoca uma reação em cadeia. Dá a você a confiança de defender sua causa e torna difícil para o seu patrão subestimar o seu trabalho.

▲ **Aquelas de vocês que trabalham por conta própria, é claro, têm que lidar com uma dinâmica diversa.** Você não está pedindo um aumento a um patrão; está pedindo um aumento a seus clientes. Aparentemente, isso põe as mulheres à beira de um ataque de nervos; mil vezes mergulhar numa banheira gelada a discutir novos preços com seus clientes. Não peça desculpas por aumentar seu preço. Não peça o aumento timidamente. Diga apenas a seus clientes quanto vai passar a cobrar. Você é uma mulher de negócios — ênfase em *negócios*. A decisão que está comunicando aos clientes é uma decisão comercial. Eles não são obrigados a pagar esse preço; decerto têm a liberdade de buscar outras opções. Mas se você for boa no que faz e valorizar seu talento, eles não irão embora. Se forem, saiba que você será capaz de encontrar novos clientes que paguem o que você sabe que vale.

Muito bem, e se você pedir o aumento e o seu chefe fizer um olhar pesaroso e disser: "Eu adoraria fazer mais por você, mas estou de mãos atadas. Tudo que posso lhe dar de aumento este ano são os 3% de praxe, porque essa é a política da empresa." Seu chefe está apelando para a sua boa vontade, esperando que você entenda que o dinheiro está curto, que talvez "no ano que vem" a situação melhore. Você simplesmente vira as costas sem conseguir nada? É o que costuma fazer, certo? As mulheres precisam que gostem delas, que as vejam como "parte do time", e sua relutância em pedir o que merece faz com que você aceite como verdade universal qualquer coisa que o chefe diga.

A generosidade é uma via de mão dupla. Se para ser generosa — em termos de boa vontade, paciência — com seu chefe você tiver que abrir mão de ser generosa consigo mesma, você não estará sendo poderosa. Por isso, por mais que o seu chefe tente constrangê-la, quero que você permaneça sentada e não deixe a conversa morrer. Caso saiba que a empresa vem atravessando um período financeiramente instável, é claro que deve levar isso em consideração, mas se a empresa dá lucro e você realmente contribuiu para esse lucro, não saia de mãos vazias. Peça para que a sua situação seja revista dentro de seis meses e diga que aumento você espera receber então. Ponha no papel esse acordo de uma nova revisão/negociação salarial para daqui a seis meses — não um ano, mas seis meses. Nesse ínterim, já que não pode conseguir um salário maior, negocie um período mais extenso de férias. Você precisa conseguir alguma coisa de valor, porque você não está à venda.

Preciso lhe dizer que, se o seu chefe continuar insistindo em lhe dar aumentos insignificantes e novas desculpas, você vai precisar seguir seu caminho. Sei que mudar de emprego nem sempre é fácil, como também não é rápido. Mas se o seu patrão não valoriza o que você faz, vá trabalhar para alguém que valorize. Quando você se valoriza o bastante para rejeitar uma situação ruim, é sinal de que está sendo poderosa, e esse poder irá motivá-la a encontrar um emprego melhor.

A BUSCA DA FELICIDADE:
UM E-MAIL DA MINHA AMIGA DEBRA

Querida Suze,

Está lembrada de quando você e eu nos conhecemos, alguns anos atrás? Você veio dar uma conferência patrocinada pela grande empresa de informática onde eu trabalhava. Num dos intervalos, nós duas conversamos. Eu lhe disse que estava pensando em comprar o apartamento em que morava, e a primeira pergunta que você me fez foi se eu estava satisfeita no emprego. Fiquei tão chocada! O que isso tinha a ver com a compra do apartamento? Você me disse que, até que encontrasse um emprego que me fizesse feliz, eu não deveria comprar nada, porque era o dinheiro da entrada do imóvel, depositado na minha poupança, que me daria a liberdade de sair em busca de um emprego de que eu gostasse. A resposta era tão simples, mas foi preciso você me perguntar para que eu visse a luz.

Você também me inspirou a pedir mais na próxima vez que meu chefe me oferecesse um aumento insignificante. Eu trabalhava há nove meses quando saiu a avaliação de desempenho, pouco antes do Natal. Quando ele me chamou à sua sala naquela semana, conversamos durante uns vinte minutos (isso era um bocado de tempo para ele!), e ouvi dele que, a cada dia que passava, as coisas melhoravam e ele estava muito satisfeito por me ter como funcionária. Em seguida, me apresentou um

---

aumento equivalente a uma migalha. Eu aceitara uma redução de R$3 mil no meu salário-base para trabalhar para ele, achando que depois de lhe comprovar minha ética de trabalho e meu grau de dedicação, seria recompensada. Ora, fiz papel de boba.

Depois dos feriados, procurei-o novamente e lhe fiz ver que achava ótimo que ele estivesse satisfeito com o meu desempenho, mas o aumento me deixara decepcionada. Resolvi que não desistiria de pedir mais — e não desisti —, e, depois de três meses de idas e vindas, finalmente consegui o aumento pedido, retroativo! Fiquei tão orgulhosa de mim mesma por finalmente ter sido capaz de me impor! Levou uma eternidade para eu fazer uma coisa dessas, nossa! Vou fazer 47 anos em fevereiro! Mas consegui — e me senti muito bem. Por isso, obrigada por me servir de inspiração, de formas que você nem imagina.

Um abraço,
Debra

O seu objetivo de hoje em diante é prestar atenção, conscientemente, à remuneração que precisa receber para se sentir poderosa na vida e segura quanto às suas finanças. Você tem que fixar seu próprio valor, comunicá-lo ao mundo lá fora e depois recusar-se a aceitar menos. Parece assustador? Apenas porque isso obriga você a abandonar a sua zona de conforto. Você precisa parar de ser uma pedra em seu próprio caminho para a riqueza, a segurança e a felicidade. Precisa entender que se valorizar é algo que você pode fazer. Não deixe que os outros ditem o seu valor. Nunca mais se ponha à venda.

5
Os oito atributos de uma mulher rica

Agora que já entendemos melhor as forças externas que costumam levar as mulheres a se sentirem impotentes quando se trata de finanças, é hora de aprender a se recondicionar de dentro para fora. O que se exige agora é que partamos de um lugar diferente em nosso íntimo de modo a perceber o potencial que todas possuímos para nos tornarmos poderosas e ricas. Você está surpresa por eu usar a palavra "rica"? Ainda soa estranho uma mulher expressar o desejo de ser rica.

Uma mulher rica sem dúvida tem dinheiro, mas também tem felicidade, coragem, equilíbrio e harmonia. Uma mulher rica é generosa, organizada, sábia e, consequentemente, bonita. Uma mulher rica tem tudo e traz essas qualidades para todos os relacionamentos, as carrega com ela em todos os momentos da vida.

É meu desejo que você carregue esses oito atributos dentro de você aonde quer que vá e que eles lhe sirvam de indicadores para garantir que você esteja sempre caminhando em direção à riqueza e não no sentido oposto. É importante entender que todos esses oito atributos precisam estar presentes e agir em conjunto o tempo todo para que você adquira e mantenha o genuíno status de mulher rica.

| Harmonia | Equilíbrio | Coragem | Generosidade |
| Felicidade | Sabedoria | Limpeza | Beleza |

Primeiro e segundo atributos:
harmonia e equilíbrio

Harmonia é uma combinação de sentimento, aborda-gem e compreensão. É a interação agradável entre o que você pensa, sente, diz e faz.

Equilíbrio é um estado de estabilidade emocional e racional em que você desfruta de calma e habilidade para decidir e avaliar sensatamente.

Harmonia e equilíbrio talvez sejam os atributos mais importantes, pois funcionam como alicerce para os demais. Quando você possui uma genuína harmonia interior, o que você pensa, diz, sente e faz equivale a uma coisa só. Estamos totalmente habituadas a este estado de espírito múltiplo em que pensamos uma coisa, dizemos outra, sentimos uma terceira coisa e ainda agimos de uma forma que nada tem a ver como o que acabamos de pensar, dizer ou sentir. Quando seus pensamentos, sentimentos, palavras e ações não estão em harmonia, surge um desequilíbrio — você fica agitada, desconfortável, acha que algo está errado — que dificulta a tomada de decisões racionais e tranquilas. Por isso esses dois atributos formam uma dupla.

Para se certificar de que os dois estejam presentes em sua vida, é preciso que você preste atenção em seus sentimentos. Observe e ouça as palavras que você emprega — suas ações devem ser um reflexo perfeito do que você pensa. Se você se mantiver alerta, será capaz de perceber quando lhe faltar harmonia ou equilíbrio. Ao detectar um desequilíbrio, faça uma pausa antes de dizer ou fazer o que quer que seja e investigue de onde vem esse desequilíbrio. Preste atenção toda vez que se sentir agitada — é um sinal de que algo está errado. Releia a definição de equilíbrio — *um estado de estabilidade emocional e racional em que você desfruta de calma e habilidade para decidir e avaliar sensatamente* — e entenderá que ele é um pilar essencial para um comportamento correto e poderoso.

Terceiro atributo: coragem

Coragem é a capacidade de enfrentar o perigo, a dificuldade, a incerteza ou a dor sem sentir medo de ser desviada do curso de ação escolhido.

A coragem dá vazão à harmonia. Quando seus pensamentos e sentimentos são uma coisa só, a coragem permite que você os manifeste na forma de palavras e ações. Quando você tem medo de falar ou de agir, a coragem ajuda a superá-lo. A coragem lhe permite expressar a sua verdade, mesmo quando não é isso o que os outros desejam ouvir.

Conectar-se com a própria coragem pode ser difícil para as mulheres. As mulheres podem ser desviadas de determinado curso de ação se acharem que vão magoar alguém. É muito mais fácil magoar a si mesma do que magoar outra pessoa, não é? As mulheres também perdem a coragem quando adotam a crença de que alguém ou alguma coisa é a chave para a sua felicidade — em lugar de admitir que o poder vem de dentro.

Se o seu sustento depende do seu marido ou companheiro, é fácil não encontrar a coragem para defender os seus próprios interesses ou os da sua família. Pense nisto: você está disposta a arriscar seu teto em nome das suas necessidades e dos seus desejos?

O medo costuma se interpor entre nós e a coragem. Temos medo de fazer marola. Temos medo de um confronto. Temos medo de aborrecer alguém. Temos medo de perder o emprego. Temos medo de que o marido peça o divórcio.

Temos medo de que nossos filhos não nos amem. Temos medo do que os outros possam pensar de nós. Temos medo de ficar sem dinheiro. A lista é infindável. Mas para vivenciar esse atributo — a coragem — plenamente, temos de parar de nos esconder atrás do medo.

A única maneira de superar o medo, afinal, é agir. Você pode refletir sobre o seu medo e pensar nele racionalmente na tentativa de espantá-lo, mas, se ele a estiver impedindo de agir, você vai ter que encontrar coragem e fazer alguma coisa para superá-lo. Encontre a coragem para calar seu medo e você dirá o que está pensando, fará o que acredita que deve ser feito e expressará os seus sentimentos.

Mas não pense que eu não sei muito bem que falar é fácil.

A HISTÓRIA DE SUZE

Houve uma época — na verdade nem faz tanto tempo assim — em que tudo parecia ir bem na minha vida. Eu tinha três livros na lista dos mais vendidos do *New York Times*, um programa na televisão, dinheiro, fama e vinha me saindo bem ajudando as pessoas a se relacionar com o seu dinheiro e a melhorar suas vidas financeiras. Estava cercada pela família e por um círculo de amigos e colegas que me eram próximos... mas havia algo errado. Embora em *The Courage to Be Rich* [A coragem para ser rica] eu tivesse escrito a respeito da necessidade de haver unidade entre pensamentos, sentimentos, palavras e ações, levei algum tempo para identificar a fonte do desequilíbrio na minha própria vida. Acabei me dando conta de que tinha um punhado de amigos e colegas de trabalho que na verdade não se preocupavam com o meu bem-estar. Embora à primeira vista parecêssemos próximos, no fundo não éramos. Era como se eu sempre suprisse as necessidades deles, me adaptando aos seus horários, acompanhando o que faziam, enquanto eles demonstravam pouco interesse pela direção que a minha vida ia tomando — salvo quando eu lhes era útil para progredirem em suas próprias carreiras. Se me perguntassem na época, eu diria que os adorava, mas na verdade não era esse o caso, sob aspecto algum. E, porque tinha medo de verbalizar esses pensamentos — até para mim mesma — e agir de acordo com eles, eu estava me privando da minha felicidade, do meu poder e da minha autoestima.

Um dia, resolvi que isso precisava mudar. Eu tinha que reunir toda a minha coragem para sufocar o medo e agir de acordo com o que sentia, embora estivesse há anos amedrontada demais para admitir. Respirei fundo e parti para uma faxina radical na minha vida. Em poucas horas — literalmente —, encerrei todos esses relacionamentos, de uma vez por todas. Pela primeira vez em anos, me vi realmente desfrutando de harmonia e equilíbrio. Senti orgulho de mim mesma; apesar do medo, eu havia sido fiel a mim, e a recompensa era a harmonia e o equilíbrio de que desfrutava agora.

Até hoje, vejo essa como uma das melhores coisas que já fiz. Realizei uma faxina interior e abri espaço para receber outras pessoas na minha vida. E, quando as pessoas certas entraram na minha vida, comecei a florescer. Criei relacionamentos baseados na verdade. Senti os benefícios da harmonia e do equilíbrio dentro de mim e também me tornei mais poderosa. Despertei a coragem que estava adormecida, e ela passou a extravasar para todos os lados. Quanto mais eu a usava, mais prontamente lá estava ela para me ajudar, e a minha vida ficou maior, melhor, mais feliz e mais rica.

Quarto atributo: generosidade

Generosidade é dar a coisa certa à pessoa certa na hora certa — o que traz benefícios para você e para o outro.

A generosidade é um atributo que a maioria das mulheres distribui com a maior facilidade — com demasiada facilidade, a meu ver. Nós, mulheres, costumamos ser excessivamente generosas com o nosso tempo, a nossa solidariedade, nosso amor e nosso dinheiro —, mas dar pelo simples gesto de dar não corresponde à verdadeira definição de generosidade fornecida acima.

A generosidade genuína vai muito além do que você dá aos outros. No ato de dar reside um poder, uma compreensão de que você é apenas o veículo para a riqueza ou a energia. Você permite que o dinheiro passe por suas mãos e saia pelo coração. Desfrutar de poder para dar, ser motivada a dar com o coração, é um sentimento que nenhum dinheiro do mundo pode comprar. É assim que quero que você se sinta depois de ter sido genuinamente generosa.

Agora vou lhe fazer uma pergunta: é assim que você se sente quando a toda hora se dá aos outros? Você se sente enriquecida ou diminuída? Seja honesta. Você se vê como uma doadora, alguém supergenerosa com o próprio tempo, talento, boa vontade e dinheiro. Os outros provavelmente descreveriam você como uma mulher generosa, mas, se eu a olhasse, talvez achasse que você dá pelas razões erradas. Você dá porque acredita que deve? Porque quer se sentir aceita? Seria por culpa, por vergonha? Ou porque se preocupa com o que os outros pensariam se você não desse?

É muito importante que você entenda que *a generosidade genuína tem a ver tanto com quem dá quanto com quem recebe*. Se um ato de generosidade beneficia quem recebe, mas solapa quem dá, isso para mim não se chama generosidade genuína.

Para mim, o ato honesto de dar tem que seguir as seis regras abaixo:

1. **Dar para agradecer e por puro amor, não para receber algo em troca.** Uma doação verdadeira não traz expectativas nem exigências embutidas.

2. **Seja uma doação de tempo, de dinheiro ou de amor, você precisa sentir de verdade que a sua doação é uma oferenda.** Ela deve ser feita espontaneamente e por puro amor.

3. **Um ato de generosidade nunca deve prejudicar o doador.** Quando você doa dinheiro que não tem para dar, essa doação prejudica você.

4. **Um ato de generosidade deve ser consciente.** Você deve estar consciente do efeito da sua doação sobre o receptor e se assegurar de que ela não seja um ônus para o mesmo.

5. **Um ato de generosidade deve ocorrer na hora certa.** Você precisa ter condições de arcar com a sua doação, seja ela um bem material ou o seu tempo.

6. **Um ato de generosidade deve brotar da empatia.** A sua generosidade deve ser dirigida àqueles que motivam o seu coração, àqueles que você sente que precisam da sua ajuda e que vão apreciá-la. Dar deve engrandecer você, não diminuir.

Quinto atributo: felicidade

A **limpeza** é um estado de pureza, clareza e precisão.

Quando você encontra coragem para viver em harmonia e equilíbrio, quando entende e pratica a generosidade em seu verdadeiro sentido, a felicidade surge espontaneamente.

Quando está feliz, você é aberta e acessível. Quando está feliz, você costuma ser mais otimista. Enfrenta novos desafios com uma mente limpa que busca soluções positivas. Vê possibilidades em lugar de problemas.

Se você não está feliz, peço que tente encontrar o ponto da sua vida onde existe conflito e não harmonia. Você anda querendo fazer ou dizer algo, mas não encontra coragem para agir? Tem sido generosa demais pelos motivos errados? Quando estamos infelizes, temos a sensação de que falta alguma coisa na vida — e essa alguma coisa se torna uma lacuna a ser preenchida. É perigoso se sentir carente, pois isso conduz a decisões que nem sempre levam em conta os seus interesses a longo prazo.

A felicidade não é um luxo. Ela é essencial à verdadeira riqueza. Quando estamos felizes, encontramos alegria pura na vida. Não ficamos carentes, e sim satisfeitas. Temos a satisfação de saber que nossas ações derivam de um ponto de pureza e equilíbrio, que são corretas, generosas e boas. Não existem arrependimentos nesse estado de felicidade — e esse é um objetivo a ser perseguido em todos os segmentos da sua vida.

Sexto atributo: sabedoria

Sabedoria é o conhecimento e a experiência necessários para decidir e avaliar sensatamente, ou o bom senso demonstrado pelas decisões e avaliações resultantes de um conhecimento acumulado, adquirido através da experiência.

A sabedoria é mais que um atributo intelectual e nada tem a ver com o seu grau de instrução. Exercer sabedoria exige alhear-se ao ruído da vida e confiar nas suas crenças fundamentais na hora de tomar decisões sensatas. A sabedoria deriva da existência de todos os atributos anteriores. Uma mulher sábia identifica quando falta equilíbrio em sua vida e reúne coragem para agir de maneira a corrigir tal falha. Uma mulher sábia conhece o significado da generosidade genuína. Uma mulher sábia está ciente de que a felicidade é a recompensa por uma vida em que há harmonia, coragem e bem-estar. Uma mulher sábia sabe como reunir a própria coragem e fazer o que é certo em lugar de fazer o que é fácil.

Sétimo atributo: limpeza

A limpeza é um estado de pureza, clareza e precisão.

Limpeza tem a ver com respeito pela importância da ordem e da organização. Se você não sabe onde está o seu dinheiro, se você não tem um sistema de arquivo para seus documentos importantes, se você enfia a mão na bolsa para pescar notas amassadas, se o seu carro mais parece uma lata de lixo, se o seu armário está cheio de quinquilharias e abarrotado — desculpe, mas não há chance de você ser uma mulher rica.

Você precisa fazer uma limpeza na sua postura — literalmente — para pôr riqueza de verdade em sua vida. Na Índia, as mulheres varrem a entrada de suas casas toda manhã para receber a deusa da abundância material e espiritual — Lakshmi —, pois existe uma crença de que a divindade mora no batente da porta de todas as casas. Para poder entrar, ela precisa de um caminho desimpedido.

Comece com a bolsa e a carteira e se assegure de que todas as notas estão viradas para o mesmo lado e as ponha em ordem toda manhã. Em seguida, doe à instituição de caridade da sua preferência todas as roupas que há um ano você não usa. Simplesmente jogue fora todos os produtos de beleza sem utilidade. Lembre-se: quando você mantém ao seu redor aquilo a que não dá valor, essas coisas acabam por fazer você perder o valor.

Seus documentos importantes estão organizados? Deveriam estar. Quando suas contas estiverem em ordem, você será capaz de obter as informações necessárias para tomar boas decisões.

△ **Se parte da sua desorganização se deve a um acúmulo de documentos, em www.maisdinheiro.com.br você se informa durante quanto tempo é preciso guardar seus registros financeiros, como, por exemplo, extratos bancários, relatórios de fundos de investimento, documentos fiscais etc.**

Talvez você leia isso e ache que limpeza é algo bom, mas não essencial para o seu bem-estar financeiro. Eu lhe digo que, se esse atributo não for central e prioritário e se você não o incorporar, jamais virá a ter o poder de controlar o seu destino. A riqueza vai lhe escapar, e você ficará com a bagunça que criou. Respeite o poder do atributo da limpeza. Faça dele o seu jeito de homenagear a deusa Lakshmi, ainda que simbolicamente. Avise ao Universo que você desimpediu o caminho para a riqueza e a abundância entrarem.

Oitavo atributo: beleza

Beleza é o atributo ou a soma de atributos numa pessoa que agrada aos sentidos ou exalta, prazerosamente, a mente ou o espírito.

A beleza é o que você cria quando incorpora os outros sete atributos à sua vida. Quando toma providências para ter harmonia, equilíbrio, coragem, generosidade, felicidade, sabedoria e limpeza em sua vida, você esbanja confiança em si mesma. E não há nada mais bonito do que uma mulher confiante. Lembre-se de que sendo confiante você se sente segura, e quando se sente segura você não tem medo. E quando não tem medo, você tem a coragem de dizer o que acha e o que sente de um jeito tranquilo e sábio. E, quando está tranquila, você toma decisões sábias com relação ao seu dinheiro, o que, por sua vez, lhe permite ser genuinamente generosa com os outros, bem como com você mesma, o que, por sua vez, a torna uma mulher feliz, poderosa e bonita. Está vendo como todos esses atributos atuam juntos para ajudá-la a alcançar o objetivo de ser uma mulher no controle do próprio destino?

Invocando os oito atributos

Percebo, na minha vida e na de outras mulheres, que quanto mais invocamos esses atributos, mais fácil fica adquiri-los. A harmonia anseia por mais harmonia, e o equilíbrio abomina o desequilíbrio. A coragem produz mais coragem. Se você for generosa da maneira certa, vai sentir que uma forma menor de generosidade lhe parecerá inferior. A verdadeira felicidade jamais permitirá que você se conforme com uma forma menor de felicidade. A limpeza repudia a desordem. A sabedoria, depois de adquirida, nunca mais será perdida, e a beleza inspira beleza em todas as coisas.

Leve consigo esses atributos por toda a vida. Anote-os num bloco e os mantenha à mão — na sua carteira ou no seu bolso. Faça disso um talismã para guiá-la diariamente enquanto vai levando a vida e enfrentando todas as suas exigências impossíveis. Esses atributos manterão você concentrada e tranquila. Eles lhe darão uma certeza constante de estar agindo poderosa e corretamente, com amor no coração e a mais pura das intenções para atingir seus objetivos de segurança e conforto para si mesma e todos a quem ama.

| Harmonia | Equilíbrio | Coragem | Generosidade |
| Felicidade | Sabedoria | Limpeza | Beleza |

6
O Plano de Autorresgate

Quando se trata de dinheiro e das razões por que não fizemos o que sabemos que devíamos ter feito, podemos discutir indefinidamente *por que isso* e *por que aquilo* até ficarmos roxas. Podemos nos assegurar de que você está pensando o que deve e dizendo as palavras certas, mas no final das contas é preciso parar de falar e simplesmente começar a agir. Ainda está com medo? Se está, tudo bem, mas existe apenas um jeito de superá-lo: agindo. Foi por isso que bolei o Plano de Autorresgate.

O Plano de Autorresgate inclui uma combinação de ações a adotar e conceitos e princípios a aprender. A parte instrutiva do plano é crucial para o seu sucesso a longo prazo. Ela irá equipá-la com o conhecimento necessário para agir correta e confiantemente sempre que a vida lhe apresentar um novo desafio ou escolha na área financeira.

Não vou lhe pedir para dedicar horas a fio a uma busca exaustiva de conhecimento financeiro. O Plano de Autorresgate se concentra unicamente nos alicerces essenciais das finanças pessoais que você *precisa* conhecer e de que *precisa* cuidar. O que vou lhe pedir para fazer e aprender é uma versão resumida dos conselhos sobre os quais escrevi detalhadamente nos meus livros anteriores.

É aí que entra o Plano de Autorresgate. Ele parte da premissa de que devemos começar com o básico e não assumir coisa alguma como fato consumado. Definições e explicações básicas são exatamente o que você encontrará aqui: o Plano de Autorresgate não pressupõe nenhum conhecimento prévio sobre finanças nem domínio do vocabulário financeiro. Começamos do comecinho e iremos seguindo em frente — juntas — a partir daí.

O plano tem tudo a ver com simplicidade. Durante o processo de sua elaboração, jamais me esqueci de manter o foco neste objetivo claro: "Se tudo que você fizer for X, vou ficar encantada." O desafio para mim foi me assegurar de que esse X era tudo o que você precisava saber e fazer, nada além do que fosse absolutamente essencial e atingível. É meio como no mundo dos livros de receitas culinárias. Alguns são uma ótima leitura, e as fotos enchem-nos a boca d'água, mas as receitas são elaboradas demais, os ingredientes dificílimos de achar e as técnicas excessivamente complicadas para que você sequer tente preparar algum desses pratos. O lugar desses livros é na mesinha da sala de estar, não na cozinha. Existe, porém, o outro tipo de livro de culinária, aquele que fica junto ao fogão. Traz receitas que você prepara num tempo razoável. Foi isso que pretendi quando bolei o Plano de Autorresgate: receitas financeiras básicas que são fáceis de acompanhar e simples de fazer.

O plano se divide em cinco partes distintas, com a expectativa de que em cada mês você se dedique a uma delas. Passaremos os dois primeiros meses controlando as despesas e a poupança básica, lidando com suas contas bancárias e cartões de crédito e aprendendo a dominar a avaliação de seu crédito junto às instituições financeiras. O terceiro mês todinho trata de investimentos para a aposentadoria, inclusive sobre o que fazer através da empresa em que trabalha e o que você precisa providenciar por conta própria. Depois, no quarto mês, vamos falar dos documentos essenciais que toda mulher tem que saber onde estão. O quinto mês é inteiramente dedicado à proteção: o que você precisa ter em termos de seguro de vida e seguro residencial para garantir que você e a sua família fiquem financeiramente seguras para o que quer que a vida lhes reserve. Por fim, direi o que espero de você além do plano. É uma abordagem interativa que busca transformar o que antes era alheio à sua vida numa parte natural da mesma — para o resto da vida.

No início de cada mês, você encontrará o quadro "Eu adoraria se você...", que fornece uma rápida pincelada das manobras financeiras em que você se tornará perita nesse mês. E, no final de cada mês, encontrará o quadro "Plano de ação", que é uma lista de manobras que desejo que você execute no mês em questão.

Tudo que peço é que você dedique mensalmente um dia inteiro — 24 horas no total — para realizar as tarefas que lhe dei nesse mês. Uma forma de encarar isso é que o tempo gasto equivalerá a apenas cinco dias ao longo de cinco meses. Depende exclusivamente de você esquematizar o trabalho; pode ser uma série de minissessões de uma hora distribuídas pelos trinta dias, ou você pode optar por destinar uma parte de um punhado de dias por mês às tarefas em questão.

O período de cinco meses é meramente uma meta racional, a qual, estou convencida, toda mulher consegue atingir. Considerando que estou pedindo uma dedicação equivalente a cinco dias do seu tempo "ativo", imagino que algumas prefeririam concluir o Plano de Autorresgate em apenas um ou dois meses. Tudo bem. Mas não precisa correr para abraçar tudo de uma só vez. Não haverá prêmios por velocidade. O que você vai aprender — e fazer — com o plano será o seu alicerce financeiro para o resto da vida; trate de concluir o trabalho num ritmo que lhe seja confortável e que lhe permita realmente entender tudo o que estiver fazendo.

É muito importante que você siga o plano na ordem em que as informações são fornecidas. Em outras palavras, quero que você leia o conteúdo do primeiro mês e cumpra as suas etapas antes de passar para o mês seguinte. Existe uma progressão lógica embutida em cada mês, por isso, por favor, não fique pulando para lá e para cá. Há um motivo para tudo estar em seus devidos lugares.

Para alcançar os melhores resultados, também peço para que você não pule as partes que acha que não precisa ler por já ter cuidado anteriormente de uma situação similar à abordada. Ou porque deixou que um terceiro — marido, companheiro, irmão, tio, consultor financeiro — cuidasse dela para você e ele lhe assegurou que tudo está "em ordem". Não me interessa se Warren Buffett, o maior investidor do mundo, é o seu consultor financeiro. Não se adquire poder delegando a outra pessoa a administração do seu dinheiro, mas apenas quando você — e somente você — toma a iniciativa de aprender sobre o seu dinheiro e se assegura de ter o que precisa. Essa é a minha definição de poder. E se relaciona tanto com rever o que você já tem quanto com dar novos passos a fim de ganhar segurança. Mesmo que você possua uma conta de investimentos, por exemplo, quero que leia tudo que tenho a dizer para poder ter certeza de que esta é a melhor conta de investimentos à sua disposição. E se já tem seguro de vida, não pule a parte que fala de seguro de vida. Você nem imagina quantas mulheres me garantem que têm seguro de vida. Mas, depois que arranco delas alguns detalhes, ficam chocadas ao descobrir que o tipo correto de seguro de vida delas não é o correto e não lhes dá cobertura suficiente para efetivamente prover proteção a elas mesmas e a suas famílias.

Em alguns casos, recomendarei que você faça algo exclusivamente para você mesma, como abrir uma conta de poupança apenas no seu nome. Em outros, você terá que rever investimentos conjuntos e documentos financeiros com seu marido, seu companheiro ou qualquer outra pessoa a quem havia confiado a sua vida financeira. Deixe claro para essas pessoas que você não as está desafiando nem questionando as escolhas que fizeram. Isso nada tem a ver com elas, mas com você e o seu desejo de se tornar poderosa descobrindo se o que tem é, de fato, aquilo de que você e elas precisam. No capítulo que se segue ao Plano de Autorresgate, ensino como criar relacionamentos financeiros novos e mais saudáveis com seus entes queridos. Isso inclui conselhos sobre como navegar assumindo um papel mais ativo nas finanças familiares, pelas quais, ao longo dos anos, o seu cônjuge ou companheiro vinha sendo o único responsável.

Para controlar o seu destino financeiro, livrando-se para sempre de toda uma vida de medo, vergonha e confusão com relação ao dinheiro, faltam apenas cinco meses.

Primeiro mês:
contas-correntes e investimentos

Eu adoraria se você...

... aprendesse a ler o seu extrato bancário e a calcular o saldo do seu talão de cheques.

... parasse de pagar por serviços bancários básicos.

... entendesse a diferença entre uma conta-corrente e uma conta de investimentos.

... reconhecesse que investimentos são o pilar da sua segurança financeira.

... tivesse certeza de que a rentabilidade de seus investimentos é a maior possível.

... usasse um plano mensal de investimento para montar uma reserva de emergência capaz de cobrir suas despesas de sustento durante oito meses.

... abrisse uma conta de investimentos exclusivamente para você, além de qualquer conta de investimentos familiar já existente.

Um construtor vai lhe dizer que a segurança de uma casa depende dos alicerces sobre os quais ela se assenta. O mesmo se aplica às suas finanças. E isso significa que você deve começar por se assegurar de que tem controle sobre a sua conta-corrente e conta de investimentos. Atenção para a ênfase em "controle". Aposto que cada uma de vocês tem as duas: uma conta-corrente e uma conta de investimentos. Isso, porém, não quer dizer que você saiba como elas funcionam nem garante que esse seja o melhor negócio disponível no mercado. É preciso entender como administrar ambas, de modo a saber — não achar, mas *saber* — que você terá condições de pagar as contas deste mês e ficar com dinheiro suficiente para cobrir eventuais e inesperadas emergências financeiras.

Definições que você precisa conhecer

▲ Uma **cooperativa de crédito** é uma instituição financeira que oferece os mesmos serviços de um banco tradicional; a grande diferença é que se trata de uma entidade sem fins lucrativos mantida por seus membros — ou seja, as pessoas que têm conta na cooperativa de crédito. Cada cooperativa possui suas próprias regras quanto aos associados. Por exemplo, pode se destinar apenas a professores de uma determinada localidade ou sistema escolar, a militares, ou a profissionais de um mesmo setor. Geralmente, é possível tornar-se membro de uma cooperativa de crédito quando se conhece alguém que preencha os requisitos exigidos.

▲ Uma **corretora de valores** é uma instituição financeira onde você pode adquirir uma dentre várias formas de investimento (ações, títulos de dívida, fundos de índices, fundos mútuos etc.) e depositar dinheiro em várias formas de poupança, como, por exemplo, investindo no mercado de títulos públicos.

Nas próximas páginas, toda vez que eu me referir a bancos, estarei me referindo também a contas abertas em corretoras e cooperativas de crédito.

Se você, no momento, está usando uma cooperativa de crédito, tudo bem, desde que todos os serviços que mencionarei adiante estejam à sua disposição. O fator mais importante, independente do tipo específico de instituição que você utilize, é que ela garanta os seus depósitos. Você precisa ter certeza de que aconteça o que acontecer com essa instituição, o seu dinheiro estará a salvo e íntegro, e o que garante isso é o seguro. Na maioria das instituições brasileiras, o seguro é bancado pelo Fundo Garantidor de Créditos (FGC). Se você utiliza uma cooperativa de crédito, precisa se assegurar de que ela conta com um seguro próprio ou da federação da qual faz parte.

Contas-correntes

A sua conta-corrente deve ter uma única finalidade: fornecer dinheiro vivo para pagar as contas e levar na carteira. Mais nada. Ela não é lugar para guardar a gratificação do ano passado ou o dinheiro que você está poupando para dar entrada na casa própria ou para uma viagem de férias, servindo apenas para o fluxo de caixa do dia a dia. O grande problema é que a maioria de vocês assume uma postura de pavor e esperança quanto à administração do fluxo de caixa. Você tem pavor do ritual mensal de examinar seu extrato bancário e reza para ter dinheiro suficiente no banco para pagar as contas. Cadê o controle?

Seu primeiro passo este mês é assumir a responsabilidade de calcular o saldo do talão de cheques e perseverar nessa tarefa todo mês daqui para a frente. Sei que a ideia não soa tremendamente excitante, mas é provável que essa seja a manobra mais importante para lhe dar o poder de controlar seu destino. **O processo de calcular o saldo do seu talão de cheques obriga você a encarar a realidade.** Quando senta e examina o volume dos seus depósitos comparado ao volume dos seus saques no mês, você se obriga a adotar uma postura de responsabilidade pelas suas despesas.

Se você já faz isso todo mês e tem controle sobre o fluxo de dinheiro que entra e sai, pode passar direto para o subtítulo que trata das contas de investimento. Caso contrário, continue a leitura.

Comece do zero — abra uma nova conta-corrente

Recomendo que você comece com uma conta-corrente totalmente nova para saber, desde o primeiro dia, exatamente quanto tem, em lugar de tentar entender uma conta-corrente antiga à qual você jamais prestou muita atenção. Assim, depois de pagar as contas deste mês, quero que você pare de usar a sua conta-corrente atual. Deixe-a aberta e mantenha nela a quantia suficiente para cobrir os cheques já emitidos, até que todos eles tenham sido compensados ou descontados no caixa. Também não use mais o cartão magnético dessa conta. Então, assim que os cheques forem debitados, vá ao banco e feche sua antiga conta, principalmente se ela possuir uma tarifa mensal, ou esta deixará seu saldo negativo.

Agora quero que você pegue todo o dinheiro que não seja necessário para cobrir esses cheques já emitidos mais o dinheiro que vai receber em seu próximo contracheque e abra imediatamente uma conta-corrente novinha, pedindo um novo cartão magnético.

Não há problema algum em abrir uma conta nova no seu banco atual, desde que seja um bom negócio, ou seja, que não suguem o seu sangue com todo tipo de tarifas. Lembre-se: só porque você tinha uma conta-corrente num banco não vá achar que era uma boa conta-corrente. Veja a seguir o que caracteriza uma boa conta-corrente:

Uma boa conta-corrente...
... não cobra tarifa mensal apenas por existir;
... possui baixo saldo mínimo requerido para qualificar uma conta-corrente sem tarifa mensal;
... não cobra tarifa por talões de cheque nem por cheques emitidos;
... tem acesso gratuito aos extratos e ao pagamento de contas on-line;
... tem cobertura de seguro para os depósitos.

Não pague tarifa mensal

Não há motivo algum para pagar uma tarifa mensal pela sua conta-corrente. Existem montes de bancos ansiosos o bastante pelo seu dinheiro a ponto de lhe darem uma conta-corrente isenta de tarifa mensal, sem para isso lhe exigirem um saldo de cinco dígitos. Explicarei abaixo onde localizar as tarifas no seu extrato para que você saiba o que pagou no passado.

O único tipo de conta-corrente desejável

Existem dois tipos básicos de contas-correntes: as que pagam juros (chamadas contas poupança ou contas salário) e as que não pagam juros. Juro é o que o banco lhe paga sobre o dinheiro que você mantém na conta (o seu saldo). Sei que ter uma conta-corrente remunerada aparentemente é a coisa esperta a fazer, mas raramente isso é verdade. O que você precisa aprender é o seguinte: a taxa de juros que as contas-correntes rendem costuma ser muito baixa comparada à taxa de juros que você pode obter em outros tipos de contas bancárias. E para conseguir isenção de tarifas numa conta poupança, em geral lhe oferecerão serviços limitados, como impossibilidade de usar talões de cheques, de contar com o limite do cheque especial ou de utilizar cartões de débito. Isso realmente não faz sentido, porque tais contas não lhe dão uma boa taxa de juros sobre o saldo que o banco exige que você mantenha na conta.

Por exemplo, no final de 2009 a média de juros mensais que uma conta-corrente desse tipo com saldo de R$1 mil rendia estava abaixo de 0,6%, o que dá menos de R$6 mensais em juros creditados na sua conta. No entanto, o pagamento desse rendimento só ocorre se o dinheiro permanecer ao menos trinta dias depositado na conta, o que quer dizer que, se você receber algum rendimento, será apenas sobre os poucos reais que sobrarem no final do mês. Seria melhor organizar suas contas e já se planejar para direcionar todo o "extra" para uma conta-corrente que permita acesso a investimentos, que, além de garantir rendimentos desde o momento da aplicação, ainda lhe proporciona possibilidade de ganhos diferenciados.

Pesquise uma conta-corrente melhor

Se o seu banco atual não oferece nenhuma possibilidade de conta-corrente isenta de tarifas, recomendo que você visite outras instituições bancárias e pergunte as condições para abertura de contas isentas de tarifas. Muitas instituições exigirão um volume mínimo de investimentos para assegurar a isenção, mas a competição entre instituições tem proporcionado alguma flexibilidade nas regras. Se não conseguir isenção, ao menos poderá desfrutar de tarifas menores.

Pague suas contas pela internet

Recomendo, também, que você se cadastre para o pagamento de contas on-line — serviço que normalmente é gratuito. Com o pagamento on-line de contas, você não vai precisar ir à agência pagar suas contas. Em lugar disso, poderá programar pagamentos eletrônicos automáticos, chamados de débitos automáticos, diretamente da sua conta-corrente. Você fica preocupada com a segurança de usar um computador para mexer na sua conta? Não fique. Os bancos investem um bocado de dinheiro e esforço para garantir que suas redes sejam seguras, ou seja, que ladrões de identidade não tenham acesso às suas informações. Com efeito, pagar contas on-line pode até ser mais seguro do que fazê-lo pessoalmente.

Atualize seus depósitos e saques automáticos

Depois de abrir sua nova conta-corrente, assegure-se de atualizar todos os depósitos e saques automáticos que já estavam programados na sua antiga conta-corrente. Se o seu salário é depositado diretamente na conta, notifique o departamento de recursos humanos da sua empresa para que a partir de agora ele seja enviado para a nova conta. Se você também já tinha agendado débitos automáticos para suas contas regulares, vai precisar descadastrar os débitos automáticos da conta anterior e cadastrá-los na nova conta.

UTILIZAÇÃO DO CARTÃO MAGNÉTICO

Muito bem, agora estamos prontas para começar do zero a administração do fluxo de caixa. O objetivo aqui é acompanhar o que entra e o que sai. Isso começa com o registro dos seus saques com o cartão magnético. Toda vez que fizer uso dele, quero que você pegue um comprovante impresso da transação e o guarde num compartimento especial da sua carteira. Uma vez por semana, esvazie esse compartimento e transfira o conteúdo para uma pasta que você vai ter só para guardar contas e comprovantes de saques com o cartão magnético. Estou me referindo a uma pasta de verdade, ou um envelope pardo, uma caixa de papelão — a escolha é sua. Minha única exigência é que seja um local de armazenamento destinado exclusivamente a comprovantes bancários. A gaveta da cozinha, que também é o lar dos telefones de emergência, dos cardápios de restaurantes que entregam em domicílio e do rolo de papel-filme, não serve. Para assumir o controle é fundamental saber onde estão seus documentos e ser capaz de consultá-los em questão de segundos.

ABRA AS CONTAS E AS ORGANIZE

Quero, ainda, que você crie um outro lugar específico para arquivar todas as contas que chegam pelo correio. Pode ser uma outra pasta, uma cesta ou uma gaveta específica da sua mesa do escritório. Aqui também a única exigência é a de que o espaço se destine apenas para este fim: arquivar as contas que terão que ser pagas no respectivo mês. Diariamente, você vai separar a correspondência; as contas serão imediatamente transferidas para o arquivo, pasta ou caixa. Controle = Organização.

Antes de pôr a conta no lugar a ela destinado, peço que você abra toda a correspondência de caráter financeiro e dê uma olhada — apenas para se assegurar de que nada esteja fora do normal e para anotar a data do vencimento. Esse processo simples de abrir e examinar as contas e extratos quando chegam faz você começar a construir um relacionamento saudável com o seu dinheiro. Nada se perde, nada passa despercebido e não surgem surpresas na véspera do vencimento das contas. Você está por cima, com um mínimo de esforço: apenas uns poucos minutos diários são gastos com o processo de separar a correspondência e abrir as contas.

O ideal é que você pague todas as contas uma vez por mês. Essa é uma ótima maneira de se manter organizada. Se atualmente você possui vários cartões de crédito com vencimentos ao longo de todo o mês, ligue para o serviço de atendimento ao cliente e peça que modifiquem a data do vencimento. As administradoras de cartões de crédito não são obrigadas a fazer isso, mas muitas fazem. Se a administradora não se mexer, ou se você distribuiu essas datas de vencimento ao longo do mês para coincidir com o depósito do seu contracheque, tudo bem. A ideia é que você transforme esse processo em um ritual com o qual se comprometa de modo a permanecer organizada. Se ele precisar ser repetido a cada 15 dias, ótimo. O importante é que você pare de pagar as contas sem se conscientizar do que está fazendo.

Quando estiver pronta para pagar as contas e calcular o saldo do seu talão de cheques, sente-se diante do computador e acesse o site do seu banco de modo a poder visualizar seu extrato atual. Evite utilizar um computador público para isso, e caso possua um laptop sem fio, é melhor se abster de realizar essa tarefa num restaurante ou café. Simplesmente faz mais sentido acessar a sua conta a partir de casa, onde você tem certeza de que a conexão com a internet está protegida por um sistema de segurança.

Basicamente, o que vamos fazer é verificar todo o dinheiro que você sacou da conta naquele mês (que aparece na coluna "débitos", em seu extrato) e todo o dinheiro que você depositou na conta no mês (que aparece na coluna "créditos").

VERIFICANDO TARIFAS QUE VOCÊ NÃO DEVERIA PAGAR

Quero começar chamando atenção para o fator "preguiça". Falo de todas as tarifas extras que lhe cobram quando você não está "por dentro" da sua conta. Elas aparecerão em seu extrato como tarifas ou débitos. Eis o que você terá que procurar:

▲ **Tarifas pela utilização do caixa eletrônico.** O seu banco não deve cobrar um tostão pelo uso do caixa eletrônico; se cobra, você precisa de um novo banco. Todas sabemos, porém, que quando usamos um caixa eletrônico 24 horas temos que pagar tarifa; na verdade, costumam ser duas: uma cobrada pelo banco cujo caixa eletrônico você usou, outra cobrada pelo seu banco pela transação com um segundo banco. Se lhe cobram dos dois lados, a quantia pode facilmente chegar a R$3 por transação.

▲ **Tarifa por devolução de cheque.** Emita um cheque sem fundos, e você vai ter que pagar cerca de R$25. Pior ainda é a cobertura de "saques a descoberto" — o famoso uso do limite do cheque especial — que os bancos adoram oferecer: o banco cobre o seu saque a descoberto — supondo-se que ele não ultrapasse, digamos, R$1 mil — e cobra de você uma taxa de cerca de 8% ao mês até que você deposite o suficiente na conta para cobrir o saque.

Agora, qual foi o total de todas essas tarifas no mês passado? Ou no mês retrasado? Seja honesta. Será que não estão lhe impingindo a toda hora uma tarifa aqui, outra acolá, sem que você dê muita bola? Você precisa entender que o poder começa com a constatação de que não existe tarifa pequena o bastante para ser ignorada. Digamos que você pague mensalmente R$6 para usar o caixa eletrônico e que ao longo do ano tenha três cheques devolvidos. Isso soma mais ou menos R$150 em tarifas por ano (R$72 pelo uso do caixa eletrônico e cerca de R$75 pelos cheques devolvidos). São R$150 que você não precisava pagar. A culpa toda é da sua preguiça. E não ouse me dizer que são "apenas" R$150. Se, em vez de jogar fora R$150 por ano durante dez anos, você investisse numa poupança que rendesse 5% de juros, você teria ao fim desse período quase R$2 mil guardados. É esse o preço da sua preguiça.

VERIFIQUE TODOS OS DEPÓSITOS E SAQUES

A seguir, quero que você pegue a pasta dos comprovantes do caixa eletrônico do mês. Embora seja extremamente raro o banco cometer erros, isso não significa que erros não ocorram. Por isso, verifique se cada depósito e cada saque feito no caixa eletrônico aparece no extrato.

Gaste um minuto para somar o total de todos esses saques no mês. Quase sempre isso provoca um choque na primeira vez. A minha experiência diz que todas nós costumamos esquecer pelo menos um ou dois saques todo mês.

△ Se você não consegue imaginar onde foi parar todo o seu dinheiro, recomendo que mantenha um diário das despesas efetuadas em dinheiro vivo durante alguns meses. Uma vez identificados alguns padrões claros de gastos, fica mais fácil montar uma estratégia para reduzir as despesas de modo a sobrar mais dinheiro no final de cada mês. Em www.maisdinheiro.com.br você encontra uma planilha para monitorar os seus gastos com dinheiro vivo.

Em seguida, pegue todos os comprovantes de depósitos e se assegure de que todos os depósitos foram, de fato, creditados na sua conta. Mais uma vez, os erros são raros, mas nunca se sabe.

Agora, você está pronta para pagar as contas. Como já expliquei, esse ritual deve acontecer, se possível, uma vez por mês. É difícil saber para onde vai o dinheiro se você fica emitindo cheques ao longo de todo o mês. Quer você faça o pagamento das contas on-line ou da forma tradicional, é muito simples: assegure-se de que cada cheque emitido esteja registrado na coluna de Débito em sua conta e subtraia todos os seus Débitos do saldo (créditos). Obviamente, o objetivo é que você tenha mais do que o suficiente na coluna Crédito para cobrir todos os seus Débitos — em outras palavras, que depois de emitir todos os cheques o seu saldo bancário seja positivo.

NÃO SE DEIXE SEDUZIR PELO LIMITE DO CHEQUE ESPECIAL
Por favor, não confie na promessa do seu banco sobre uma cobertura "gratuita" ou de "cortesia" para os seus cheques devolvidos. Como já expliquei, de gratuita ela não tem nada. Também não quero que você contrate junto ao banco um sistema pelo qual se a sua conta zerar, ele esteja autorizado a sacar da sua poupança ou de um cartão de crédito o valor necessário para cobrir as suas despesas. Claro que isso

é interessante, mas, repito, assim você não estará realmente no controle da situação — vai apenas reduzir a sua própria poupança ou aumentar o débito do cartão de crédito para resolver o seu problema com o fluxo de caixa. É a sua versão particular de "despir um santo para cobrir outro".

O melhor plano de longo prazo, disparado, é dar uma boa olhada nos seus gastos e verificar onde é possível maneirar, para não correr o risco de a todo mês estourar a sua conta.

Contas de investimentos

Agora que já temos uma ideia do que queremos numa conta-corrente e de como usá-la, o outro pilar da segurança financeira é uma conta de investimentos, com a qual você tem acesso a produtos financeiros que lhe pagam para manter o seu dinheiro depositado.

Existem vários tipos de veículos para investir, e eles têm nomes distintos, dependendo da instituição em que essas contas são abertas: num banco, numa cooperativa ou numa corretora. Por exemplo, uma conta de depósito no mercado monetário, aberta numa corretora, basicamente é uma conta dentro de uma conta — o que significa que você abre uma conta de corretagem e nela existe um lugar para manter e poupar o seu dinheiro. A conta de corretagem que abriga a sua conta de mercado monetário lhe fornece mais opções do que unicamente poupar; permite que você faça vários investimentos, seja em ações, títulos de dívida, fundos de investimento, Certificados de Depósito e até mesmo ouro. Uma conta de poupança simples aberta em um banco em geral não lhe dá nenhuma dessas outras opções de investimento. Uma típica conta de investimentos oferecida por bancos normalmente lhe dá acesso ao investimento em fundos de investimento e Certificados de Depósitos Bancários (CDBs).

Saiba a diferença entre conta-corrente e conta de investimentos

Quero deixar bem claro o seguinte: uma conta-corrente não é uma conta de investimentos, e uma conta de investimentos não é uma conta-corrente. Talvez seu banco trate as duas como um só tipo de conta, mas nesse caso sugiro que você tenha duas contas separadas. Quero que você tenha ambos os tipos de conta, mas é fundamental que entenda que elas têm finalidades distintas. Como acabamos de ver, a sua conta-corrente é onde você guarda o dinheiro necessário para cobrir suas despesas mensais. Tanto faz se é o dinheiro vivo que você saca com cartão magnético no caixa eletrônico ou os cheques que você emite para o pagamento de contas; a sua conta-corrente é o lugar de onde vem o dinheiro. É a última palavra em conveniência bancária; você pode sacar dinheiro a qualquer hora — seja por meio de um cheque ou do cartão —, embora a desvantagem seja o fato de que raramente uma conta-corrente paga uma (boa) taxa de juros sobre o saldo que permanece mais de um mês parado.

Uma conta de investimentos pode ser um pouco menos conveniente do que uma conta-corrente — pode haver imposição de tarifas mensais, algumas restrições quanto ao número de saques ou um grande volume de informações a serem digeridas para que entendamos os produtos de investimentos acessados através delas —, mas é através delas que conseguimos, do banco, uma taxa mais alta de juros sobre o seu dinheiro do que a obtida automaticamente nas contas-correntes. Essas pequenas restrições não representam um problema, porque a sua conta de investimentos não existe para as suas despesas e decisões cotidianas, que estão cobertas pela sua conta-corrente.

Como uma conta de investimentos vai ajudá-la a se autorresgatar

Uma conta de investimentos é o lugar onde você junta uma quantia de dinheiro para ter a certeza, caso surja uma despesa inesperada, de que vai poder pagá-la sem precisar pedir dinheiro emprestado nem lançar mão do seu cartão de crédito (ou emitir um cheque sem fundos sobre a sua conta-corrente). Uma conta de investimentos é de onde você tira os R$700 cobrados pelo mecânico para consertar o seu carro. É onde você arruma os R$1 mil necessários para cobrir as despesas dos exames médicos especiais de que o seu filho precisa e que não estão previstos na cobertura do plano de saúde. Seu fundo de emergência também é a rede de proteção que evita que você entre em pânico caso seja inesperadamente demitida, porque sabe que tem o suficiente nos investimentos para cobrir as despesas básicas até encontrar um novo emprego. E uma conta de investimentos é o que permite que você termine um relacionamento ruim e vá morar sozinha. Se você mantém um "dinheiro para emergências" em sua conta-corrente, está cometendo um erro oneroso, pois pode obter muito mais juros se esse dinheiro estiver depositado numa conta de investimentos.

Entenda como os juros funcionam

Quando me refiro a ganhar dinheiro na conta, estou falando sobre o que a instituição financeira lhe paga para deixar o seu dinheiro depositado nela. Esse pagamento é calculado em forma de percentual. A taxa percentual atende por um conjunto de nomes diversos: taxa de juros, rendimentos e rentabilidade mensal ou anual. Todos representam versões levemente distintas de uma mesma ideia principal: a quantia em dinheiro que irá render em cima daquilo que você havia depositado na sua conta. Mantendo a minha promessa de simplificar, não pretendo que você aprenda as nuances de cada termo. Em vez disso, quero que se concentre em apenas um deles: a rentabilidade anual. Sempre que você vir um anúncio ou receber um folheto sobre investimentos, concentre-se na rentabilidade anual, pois ela é o que melhor mede os seus ganhos efetivos. Se for comparar contas diferentes em instituições financeiras distintas, pergunte sempre qual é a rentabilidade anual, de modo a comparar maçãs com maçãs.

Uma conta de investimentos só sua
Toda mulher deveria ter uma conta de investimentos própria totalmente separada de quaisquer outras poupanças conjuntas com o cônjuge, o companheiro, pai, mãe, filho etc. Não há necessidade de esconder de ninguém essa conta. Não há nada de vergonhoso ou suspeito em abrir a sua própria poupança. Tem a ver com o que discutimos nos capítulos anteriores deste livro: cuidar de si mesma não é menos importante do que tudo e todos. Você merece ter uma segurança financeira que seja toda sua, com a qual saiba que sempre poderá contar numa emergência pessoal.

Quanto você precisa poupar
Uma conta de investimentos que sirva como um fundo de emergência deve ser grande o bastante para cobrir oito meses de despesas com sustento; isso se aplica tanto a casais quanto a mulheres solteiras. Estou sendo muito cuidadosa aqui a fim de proteger você de reveses financeiros sérios. Por exemplo, quanto mais você tiver progredido na carreira, mais tempo poderá levar para encontrar um emprego com salário semelhante ao que você deixou de ganhar. Uma conta de investimentos polpuda também significa proteção contra despesas médicas inesperadas; a triste verdade é que uma das principais causas de insolvência nos Estados Unidos é o não pagamento de despesas médicas.

Como eu já disse, aquelas de vocês que têm um relacionamento estável precisam de uma conta de investimentos unicamente no próprio nome. Essa conta separada deve ter dinheiro suficiente para cobrir ao menos três meses de despesas com sustento. Jamais quero ver uma mulher permanecer num relacionamento porque se sente de mãos atadas financeiramente; esta conta de investimentos só sua é a sua conta liberdade. Espero que você nunca precise usá-la, mas ter poder significa saber que você a tem, por via das dúvidas.

Assim, se você gasta R\$3 mil por mês e é solteira, precisa ter no mínimo R\$24 mil em investimentos para servir de fundo de emergência. Caso tenha um relacionamento estável, sua conta familiar deverá conter R\$24 mil, e a sua individual, R\$9 mil.

Com relação a como equilibrar ambas, eu faria isso dividindo em partes iguais o valor de que você dispõe para poupar. Assim, se você dispõe todo mês de R\$200 para poupar, R\$100 vão para o seu fundo de emergência particular e R\$100 para o fundo de emergência familiar. Sei que isso soa meio egoísta, mas é importante saber que você tem um dinheiro só seu. Não significa que não ame a sua família; trata-se apenas de algo que é preciso fazer por você mesma. E todo casal tem que criar um sistema para separar seu dinheiro. No capítulo intitulado "Os compromissos", explicarei por que os casais, depois de saldar todas as obrigações financeiras conjuntas, precisam repartir qualquer dinheiro extra que sobre no fim do mês, dando um ao outro a liberdade de gastar ou de poupar a sua cota. A minha recomendação é a de que as mulheres — principalmente as mães donas de casa — usem a sua cota do dinheiro extra que sobra no final do mês para construir seu próprio fundo de emergência. Isso nada tem a ver com confiança, mas sim com o que você precisa para se sentir genuinamente independente — genuinamente poderosa na vida.

Claro que sei que muitas de vocês talvez não possam juntar sequer oito semanas de sustento, quanto mais oito meses. Não desanimem. A chave é se comprometer a começar a poupar o máximo possível a cada mês. Pode levar um ano, três anos ou mais para atingir a meta. Desde que se esforce ao máximo para guardar dinheiro regularmente, você estará agindo de maneira poderosa.

POUPE AUTOMATICAMENTE

A melhor maneira de construir uma poupança é programar um sistema em que você autorize o banco onde mantém sua conta-corrente a fazer transferências automáticas dessa conta para uma conta de investimentos ou uma conta de mercado monetário. Não é preciso que seja no mesmo banco. Utilizar um sistema de transferência automática poupa você de agir, e convenhamos que essa é uma manobra muito inteligente. Você não terá que se lembrar de direcionar o dinheiro para os investimentos e não terá como se desleixar num mês em que estiver mais a fim de gastar do que de poupar. Programando um sistema de transferência mensal eletrônica automática, você se obriga a poupar.

Você pode optar pelo depósito automático ao abrir uma conta de investimentos. Se já possui uma, peça informações sobre como contratar esse serviço. É muito simples implantá-lo. Normalmente basta fornecer dois dados à instituição onde você tem a conta-corrente: o número da sua conta de investimentos e o valor mensal a ser debitado dela para a conta destino. Com esses dois dados, ambas as instituições serão capazes de se comunicar e programar essa transferência automática regular para você.

Seja o que for que você consiga guardar todo mês, essa é a quantia certa para você. Só você pode saber com certeza quanto tem condições de poupar. Tudo o que peço é que respeite a si própria: não escape com a desculpa de que não pode poupar coisa alguma. Algum sacrifício poderá ser necessário, mas se você quiser adquirir segurança financeira com a construção de uma poupança polpuda, é preciso que esteja disposta a dar uma boa olhada nos seus gastos para ver se encontra alguma área onde pode cortar despesas, de modo a ter dinheiro para seus investimentos.

E não pense que é preciso muito dinheiro por mês.

Se você depositar esta quantia na sua poupança todo mês...	... e sua conta tiver uma rentabilidade anual de 5%, você vai ter os seguintes valores:			
	em um ano	*em três anos*	*em cinco anos*	*em dez anos*
$50	$614	$1.938	$3.400	$7.764
$100	$1.228	$3.875	$6.801	$15.528
$200	$2.456	$7.751	$13.601	$31.056

△ **Em www.maisdinheiro.com.br há uma calculadora em que você pode digitar o valor que espera poupar mensalmente e a rentabilidade anual que está recebendo no momento, de modo a calcular o quanto a sua poupança irá crescer com o tempo.**

Como avaliar uma conta de investimentos/de mercado monetário

Uma boa conta de investimentos/mercado monetário não cobra tarifas, e a rentabilidade anual de sua renda fixa (produto sem risco) é a mais alta possível. A questão é saber o que é uma boa rentabilidade.

Siga a taxa Selic

A rentabilidade anual de um investimento em renda fixa em uma conta de investimento/mercado monetário não é gravada a fogo. Em temos financeiros, ela flutua, em lugar de ser fixa (permanente). Uma instituição financeira pode oferecer qualquer taxa, e elas variam muito de banco para banco. Todos os bancos, porém, costumam seguir a taxa Selic, que é a taxa-base de juros da economia, que serve de referência para os bancos praticarem entre si a Taxa de Juros do Mercado Interbancário, ou a taxa dos Certificados de Depósitos Interbancários (CDIs). Os bancos seguem a taxa Selic. Quando a taxa Selic sobe, sobe também a taxa do CDI, e automaticamente vemos as taxas de juros dos investimentos em renda fixa subirem. Quando a taxa do CDI cai em consequência da queda na Selic, as taxas de juros que remuneram os investimentos em renda fixa também caem. Algumas instituições financeiras reagem instantaneamente; outras podem promover os ajustes com periodicidade mensal ou trimestral. A ideia é que, quando você passar a acompanhar o valor da taxa Selic — o anúncio do Comitê de Política Monetária (Copom) sobre tais decisões é sempre notícia, e será fácil encontrá-lo na seção de negócios da maioria dos jornais ou na internet, ou mesmo nos telejornais —, saberá que uma boa taxa de juros para seus investimentos em renda fixa deve ficar próxima dessa.

Em outubro de 2009, por exemplo, a taxa Selic era de 8,75% ao ano, ou 0,7% ao mês. Assim, uma boa rentabilidade para seus investimentos em renda fixa estaria situada entre 7,5 e 8,5% ao ano, ou 0,6 e 0,67% ao mês. Aceitar uma baixa remuneração para investimentos em renda fixa é loucura. Se a sua conta está sendo remunerada a uma taxa de pelo menos 0,5% ao ano menor que a taxa Selic, acho que chegou a hora de transferir o seu dinheiro para produtos com um rendimento maior.

Uma recomendação importante: sei que algumas de vocês talvez tenham um bom pacote de isenção de tarifas no banco porque o saldo acumulado da conta-corrente e da conta investimento é alto. Por isso, se resgatarem os investimentos, é possível que não mais se qualifiquem para a isenção de tarifa. Se for esse o caso, seja pró-ativa e feche tanto a conta-corrente quanto a de investimentos. Como eu já disse, uma rápida pesquisa em duas ou três instituições a levará a contas isentas de tarifas ou com tarifas mais baratas.

ALTERNATIVAS DENTRO DA CONTA DE INVESTIMENTOS

Dentre as alternativas de investimentos encontradas nas contas de investimentos, as mais comuns serão os certificados de depósito bancário (CDBs) e fundos de investimento em renda fixa (Fundos DI), ambos disponíveis nos bancos e nas corretoras. Nas cooperativas, normalmente o produto disponível para investimento é o CDB.

UMA PALAVRINHA SOBRE SEGURANÇA

Bancos on-line, bancos "de cimento e tijolos" e corretoras fazem parte do programa do Sistema Financeiro Nacional (SFN). A primeira coisa a se verificar quando for escolher uma instituição financeira onde depositar o seu dinheiro com segurança é se ela é reconhecida junto ao Banco Central do Brasil (www.bcb.gov.br) ou junto à Comissão de Valores Mobiliários (CVM — www.cvm.gov.br).

O Banco Central do Brasil e a Comissão de Valores Mobiliários são órgãos federais que protegem os depositantes (ou seja, você) de bancos, corretoras e cooperativas de que são membros. Por exigência desses órgãos, os bancos são obrigados a constituir reservas junto ao chamado Fundo Garantidor de Crédito (FGC), que visa assegurar os valores depositados em caderneta de poupança, CDBs, letras hipotecárias e letras de câmbio até determinados limites. Os recursos investidos em fundos de renda fixa são em grande parte investidos em títulos públicos federais, sendo o governo federal o garantidor desses títulos. Os recursos depositados em cooperativas são cobertos por seguros específicos contratados por essas instituições, que também são fiscalizadas pela confederação da qual fazem parte.

O QUE O SEGURO DO FGC NÃO COBRE

A atividade bancária era um bocado mais fácil há alguns anos, quando os únicos produtos à disposição dos clientes eram as contas-correntes, as poupanças simples e os CDBs. Agora, porém, os bancos — e também as cooperativas de crédito — estão em condições de oferecer vários outros tipos de investimento, como os fundos de investimento, por exemplo. E você pode até mesmo adquirir ações através da corretora subsidiária de um banco. No terceiro mês do Plano de Autorresgate, explicarei detalhadamente o que são os fundos de investimentos e as ações, bem como o seu funcionamento, mas é importante que você entenda agora que, dependendo do que consta em seu regulamento e dos títulos em que investem, os fundos de investimentos e as ações podem se desvalorizar, ou seja, se você investir R$1 mil num fundo ou em ações, não existe garantia de que haverá sempre R$1 mil, no mínimo, em sua conta. Se o mercado acionário subir, você vai ter mais de R$1 mil. Se cair, você vai ter menos. É por isso que se chama investimento, e não depósito (como nos CDBs, certificados de depósito bancário). Trata-se de uma diferença crucial. Os depósitos são segurados pelo FGC; os investimentos, não. Mesmo quando adquirido em um banco mediante uma declaração do mesmo, um investimento não goza do seguro que descrevi acima.

Façamos uma revisão:

▲ **Garantidos:** Caderneta de Poupança, CDBs, Letras de Câmbio e Letras Hipotecárias.

▲ **Não garantidos:** fundos de investimento em ações, fundos de recebíveis, ações, títulos de dívida.

Plano de ação do primeiro mês

✓ Abrir uma nova conta-corrente que tenha isenção de tarifa de manutenção mensal, ou tarifa menor do que a que você paga atualmente;

✓ Informar ao seu empregador para depositar diretamente o seu contracheque na conta nova, se possível. Fazer o mesmo com quaisquer pagamentos ou transferências automáticas realizados na sua conta-corrente — transferir os débitos automáticos para a nova conta;

✓ Calcular o saldo do talão de cheques mensalmente; checar todos os saques e depósitos e atentar para que cada conta paga esteja registrada como débito em sua conta-corrente;

✓ Abrir uma nova conta só para investimentos;

✓ Adotar como meta construir uma poupança que tenha um saldo grande o bastante para cobrir oito meses de despesas com o próprio sustento;

✓ Contratar a realização de depósitos automáticos em sua conta de investimentos.

Segundo mês:
cartões de crédito e o seu perfil de crédito

Eu adoraria se você...

... tivesse um cartão de crédito só seu.

... examinasse todos os extratos do cartão de crédito todo mês.

... evitasse tarifas extras e altas taxas de juros nos seus cartões de crédito.

... procurasse pagar integralmente a conta dos seus cartões de crédito todo mês.

... soubesse a diferença entre uma boa dívida e uma dívida ruim.

... adotasse a estratégia de quitar os saldos devedores antigos do seu cartão de crédito.

... entendesse a importância de uma boa avaliação de crédito na sua vida financeira.

... conseguisse ter uma boa avaliação pessoal junto às diversas instituições financeiras.

... aprendesse como funcionam os seus relatórios de crédito.

Sei que os cartões de crédito constituem uma das maiores fontes de estresse de muitas mulheres. A facilidade de usar o cartão de crédito para fazer compras dificulta o exercício do autocontrole. Depois, quando chega a conta, o remorso se instala. Abrir o extrato e verificar o saldo devedor desperta culpa e pânico. Você não tinha ideia de ter gastado *tanto* e não dispõe de dinheiro suficiente em sua conta-corrente para saldar integralmente o saldo devedor. Isso dá início à costumeira espiral do parcelamento do saldo e do pagamento de juros sobre o restante que não foi quitado. Em pouco tempo você se descobre no inferno dos cartões de crédito, e a empresa que lhe deu o dito-cujo (de agora em diante vou chamá-la de administradora do cartão) não podia ficar mais satisfeita. Isso é exatamente o que elas querem que aconteça: as empresas de cartão de crédito ganham dinheiro quando você não consegue quitar integralmente o saldo devedor. E, uma vez que põem você no buraco — ou, para ser honesta, que você *se* põe no buraco —, elas decerto não facilitam a tarefa de sair dele.

O plano deste mês é todo dedicado a lhe ensinar como usar os cartões de crédito de modo a aumentar o seu poder financeiro em lugar de reduzi-lo. Vamos começar com o passo mais importante: assegure-se de que o seu cartão seja só seu e de mais ninguém. Vou lhe mostrar depois como ler o seu extrato mensal e decifrar todos os termos e códigos de modo a ter controle sobre o seu cartão de crédito, e não o oposto. Tenho certeza de que o conhecimento lhe dará o poder de evitar gastos que você não possa pagar no cartão. Mas também estou ciente de que muitas de vocês já possuem pesadas dívidas, em geral distribuídas por vários cartões, e não sabem nem como, nem por onde começar a lidar com elas. Por isso, incluído no programa deste mês está um plano fácil de entender e de executar para assumir o controle das dívidas do seu cartão de crédito.

Tornar-se uma perita em cartões de crédito também vai ajudá-la a construir um perfil de crédito mais sólido. Perfil de crédito é a avaliação que as instituições financeiras, incluindo administradoras de cartões de crédito, fazem de sua condição financeira e da probabilidade de você honrar suas dívidas. Que eu saiba, o seu destino financeiro não vai a lugar algum sem uma boa avaliação de crédito, mas sei que muitas de vocês não fazem a mínima ideia do que seja isso nem estão a par de que têm, no momento, três importantes elementos de avaliação de crédito desempenhando um papel importante em sua vida financeira.

Comecemos por nos assegurar de que você dispõe de energia financeira na carteira: um cartão de crédito só seu.

Dê a si mesma — e somente a si mesma — algum crédito

É ótimo ter cartões de crédito em conjunto com seu marido ou companheiro, mas também quero que você tenha e utilize um cartão só seu. Jamais deixe outra pessoa usar esse cartão — entendido? Nem mesmo com a sua autorização. Preciso ser franca: desejo a você toda a felicidade do mundo, mas felicidade é algo que ninguém garante. Um dia você pode acabar sozinha. E, acredite se quiser, se você nunca teve um cartão de crédito só seu, vai enfrentar dificuldades para conseguir um. E por não ter um cartão de crédito, talvez tenha dificuldade para alugar sozinha um apartamento, conseguir um financiamento, um empréstimo para comprar um carro ou qualquer tipo de crédito. Parece maluquice? Ora, isso tem a ver com a criação de um perfil financeiro consistente para você. A forma como lidamos com os nossos cartões de crédito e com o pagamento das nossas dívidas é considerada um reflexo consistente do quanto somos responsáveis financeiramente. Esse perfil é conhecido como avaliação de crédito, a opinião que o sistema financeiro tem sobre sua capacidade de lidar com compromissos financeiros. Você pode até acreditar que seus pequenos deslizes são segredos íntimos seus, mas o histórico de seu comportamento é continuamente registrado e avaliado por bancos e administradoras de cartões. Explicarei em detalhes um pouco mais adiante como a avaliação de crédito funciona, mas a tarefa agora é abrir uma conta de cartão de crédito exclusivamente em seu nome para poder começar a construir um perfil financeiro exclusivamente seu. Esse é o primeiro passo para conquistar seu próprio poder financeiro. E depois que tiver o cartão nas mãos, quero que o utilize ao menos uma vez por mês e pague integralmente a fatura, pontualmente, todo mês. Essa é a melhor maneira de construir um excelente perfil financeiro *individual*.

Se você tem no momento um emprego remunerado e um cartão de crédito conjunto, não deverá ser difícil adquirir um cartão de crédito exclusivamente seu. Pesquise qual o cartão mais vantajoso, analisando as diferentes propostas de contratação de cartões oferecidas pelos bancos que você conhece. Caso você tenha aberto sua conta de investimentos recentemente, seguindo as orientações que lhe passei, aproveite para negociar também a aquisição de cartão de crédito no mesmo banco. A negociação no "pacote" pode trazer alguma vantagem.

DICAS PARA ESCOLHER UM CARTÃO DE CRÉDITO

▲ **Não pague anuidade.** Sua melhor opção é um cartão que seja 100% gratuito. Não se deixe seduzir por cartões que oferecem ótimos programas de "premiação", mas que, em compensação, impingem uma anuidade de R$100 ou mais.

▲ **Assegure-se de que haja um período de tolerância de, no mínimo, três semanas.** O período de tolerância é o intervalo entre o seu faturamento mensal e a data de vencimento. Assegure-se de que o cartão tenha um período de tolerância — nem todos têm — e de que, se você quitar pontual e integralmente a fatura, não lhe cobrarão juros. Se não houver um período de tolerância, a administradora do cartão pode começar a lhe cobrar juros desde a data em que a compra for efetuada, mesmo que não haja um saldo devedor pendente.

▲ **Busque a menor taxa de juros... por via das dúvidas.** Se pagar integralmente a fatura todo mês, você evitará o pagamento de juros, mas só por via das dúvidas, caso se esqueça de pagar a conta na data — ou tenha uma emergência que a poupança não possa cobrir —, quero que você se assegure de que o mínimo de juros lhe será cobrado por qualquer saldo devedor que você não consiga quitar integralmente. Portanto, procure o cartão com a menor taxa de juros. E preste atenção às letrinhas miúdas: com frequência os cartões oferecem uma ótima taxa inicial durante alguns meses, mas depois esta dispara para taxas muito maiores. O ideal é que a taxa permanente seja próxima à que você paga por usar o limite do cheque especial, ou menos (a taxa que você vai conseguir depende muito da sua avaliação de crédito; com uma boa avaliação, costuma-se conseguir uma taxa de juros baixa no cartão. Aprenda no planejamento deste mês como isso funciona). E jamais caia no conto do vigário de que a taxa anunciada no cartão é "fixa". Essa é apenas uma das inúmeras maneiras pelas quais as administradoras de cartão de crédito adoram confundir os consumidores. Independente do que lhe digam, na verdade não existe taxa de juros fixa no cartão de crédito. Basta a administradora notificar o usuário de qualquer mudança com trinta dias de antecedência para ter o direito de aumentar a taxa de juros. Como sempre acontece, a má notícia vem em letrinhas miúdas digitadas em espaço simples no extrato da fatura que você nunca lê.

UM CARTÃO DE DÉBITO NÃO É UM CARTÃO DE CRÉDITO! Quando você efetua uma compra usando o seu cartão magnético bancário, o valor da compra é instantaneamente debitado do saldo em conta-corrente. É o que se conhece como transação de cartão de débito. É importante entender que as compras efetuadas com cartão de débito não são informadas aos serviços de proteção ao crédito; elas em nada ajudam a montar o seu perfil de capacidade financeira. Por isso, não dependa apenas de um cartão de débito. Você precisa ter seu cadastro de boa pagadora, por isso não deixe de contratar um cartão de crédito.

Falemos agora de como se deve lidar com os cartões de crédito normais.

Decifrando o extrato do seu cartão de crédito

Bem, primeiro é preciso abri-lo... Não estou brincando — a primeira coisa a fazer é abrir o extrato, quer o tenha recebido pelo correio ou acessado na internet. Aquelas de vocês que no passado recorreram à fuga e à negação conhecem muito bem essa luta. Por favor, pare de se martirizar. Não me interessa o quanto a situação pareça feia hoje. Ser uma nova pessoa tem tudo a ver com assumir o controle a partir de agora. Se tivermos que arrancar você de um verdadeiro rombo no cartão de crédito, é isso o que faremos. Nem vergonha, nem culpa, lembra? O que passou passou. Vamos nos concentrar no que é possível fazer para tornar seguro o seu futuro.

Conforme abordamos no primeiro mês, todas as suas contas devem ser imediatamente abertas quando chegarem, quer pelo correio, quer acessadas na internet. Lembre-se: **Controle = Assumir responsabilidades.** E você realmente precisa de organização quando se trata das faturas do seu cartão de crédito. A missão básica de efetuar o pagamento em dia — mesmo que seja uma pequena parcela dele — é uma das providências mais importantes a tomar. Um atraso de um dia no pagamento pode lhe custar multas e fazer subir a sua taxa de juros.

Então, estamos combinadas: assumir o controle do seu cartão de crédito significa abrir a fatura assim que ela chegar. Para os fins do exercício deste mês, pegue as suas faturas mais recentes. E agora passemos à nova rotina que você irá cumprir todos os meses com cada fatura de cartão de crédito:

▲ **Confira atentamente o seu extrato.** Verifique se você realmente efetuou todas as despesas relacionadas. Caso haja débitos não autorizados, talvez você tenha sido vítima de roubo de identidade, ou seja, alguém acessou informações do seu cartão e fez despesas em seu nome. Não se preocupe; esses débitos não serão cobrados desde que você notifique imediatamente o problema à administradora do cartão.

▲ **Verifique se todos os créditos a que você tem direito — de compras devolvidas, cancelamentos de adesão ou cobranças indevidas — foram de fato lançados em sua conta.** Não suponha, confira! É muito fácil jogar fora centenas de reais anualmente simplesmente por não perder dois minutos por mês conferindo a fatura do seu cartão de crédito.

▲ **Preste atenção à data do vencimento.** Essa é uma armadilha em que é fácil cair. A data de vencimento é aquela em que a administradora do seu cartão tem que receber o pagamento, não a data em que você autoriza o pagamento on-line. Se utiliza a internet para efetuar os pagamentos, autorize o pagamento com antecedência mínima de **dois dias úteis**, para se garantir. Qual é o problema? Bem, para começar, a questão da multa de mora, que pode facilmente superar R$20 — apenas por um dia de atraso. O problema potencialmente maior, porém, é que o atraso de um dia no pagamento do cartão de crédito pode acarretar a elevação da taxa de juros cobrada tanto neste cartão quanto em quaisquer outros. Essa é uma das piores armadilhas que as administradoras de cartão escondem nas letrinhas miúdas. Basta um único dia de atraso para você ser rotulada de "inadimplente universal", o que dá a todas as administradoras o direito de aumentar a taxa de juros dos seus cartões. Antecipar-se à data do vencimento é um meio simples de manter o dinheiro no seu bolso e não no da administradora do cartão.

▲ **Identifique o pagamento mínimo devido na sua fatura.** Essa é a grande isca que a administradora do cartão espera que você morda. Lembre-se: a administradora ganha dinheiro se você não pagar integralmente a fatura; se quitar apenas a quantia mínima exigida no mês, ela começa a cobrar juros sobre o saldo devedor. Também é importante entender que o pagamento mínimo devido em geral corresponde a meros 10% do total da fatura, ou seja, 90% dela ficam pendentes. Mesmo se você se dispuser a parar de efetuar despesas no seu cartão, mas continuar a quitar todo mês apenas o valor mínimo devido, acabará precisando de anos e, quem sabe, de milhares de reais para cobrir os juros que lhe são cobrados mensalmente sobre aquele vasto saldo devedor que você vai empurrando com a barriga.

Antes que eu lhe mostre um exemplo de como isso cresce, vamos falar da taxa de juros. A administradora do cartão de crédito espera que você só preste atenção à **taxa de juros nominal** que consta da sua fatura; essa é a taxa básica de juros a ser aplicada sobre o seu saldo devedor. A taxa de juros nominal média está em torno de 10% ao mês, com vários cartões cobrando 12% ou mais. No entanto, a taxa que efetivamente lhe cobrarão será ligeiramente mais alta do que a taxa de juros nominal (por volta de um a dois pontos percentuais) caso você saia carregando, mês após mês, o saldo devedor. Isso diz respeito à matemática usada pela administradora do cartão quando calcula os seus juros. Obviamente é do interesse da administradora minimizar a taxa de juros, razão pela qual a sua fatura só traz a taxa de juros nominal.

Não vou insistir para que você se torne uma perita nessas operações. Tudo que pretendo é que você entenda que se ficar empurrando um saldo devedor, a taxa efetiva de juros que vai acabar pagando será levemente maior do que a taxa que aparece na sua fatura — entre um e dois pontos percentuais a mais.

Evite a armadilha do pagamento mínimo

Agora estamos prontas para um exemplo. Digamos que você tenha uma fatura de R$2 mil este mês e a verdadeira taxa de juros a pagar seja de 10%. Suponhamos, ainda, que você opte por efetuar apenas o pagamento mínimo devido, que representa 10% do seu saldo devedor, ou R$200. Se morder a isca da administradora do cartão e efetuar apenas o pagamento mínimo, vai acabar pagando um total de R$8.420 de juros ao longo dos quase vinte anos — isso mesmo, vinte anos! — que levará para quitar integralmente o saldo. Um outro jeito de olhar para isso é que você gastou R$2 mil, mas acabou pagando à administradora do cartão um total de R$10.420 (R$2.000 + R$8.420), ou cerca de 420% mais que a despesa original.

△ **Em www.maisdinheiro.com.br há uma calculadora que lhe mostrará o tempo necessário para quitar o saldo do seu cartão de crédito, incluindo o total de juros, se você optar por pagar apenas o valor mínimo exigido a cada mês.**

Por favor, não caia nessa armadilha. Controlar o seu destino financeiro significa quitar integralmente a sua fatura de cartão de crédito todo mês. Essa deve ser a sua meta sempre.

Se no momento você possui um saldo devedor, quero que se comprometa hoje a não fazê-lo crescer. Daqui em diante, a sua meta é saldar esse débito.

DÍVIDA: BOA × RUIM

Por mais que eu deteste dívidas de cartão de crédito, quero que você entenda que nem toda dívida é ruim. A menos que você tenha ganhado na loteria, herdado ou juntado uma nota preta, sem dúvida vai precisar de um empréstimo de vez em quando. Tudo bem, desde que você seja cautelosa quanto aos motivos e ao momento desses empréstimos. É o que eu chamo de teste da dívida boa ou ruim. E ele é facílimo de fazer.

Uma **dívida boa** diz respeito a empréstimos feitos para financiar ativos. Um ativo é algo que tem valor hoje e supostamente irá aumentar de valor ao longo do tempo. Um financiamento da moradia é um ótimo exemplo de dívida boa: você faz um empréstimo e paga juros sobre este dinheiro, e independentemente de ficar para sempre morando na casa comprada ou optar por vendê-la, a expectativa é a de que o valor do imóvel aumente e ele se revele um bom investimento. O empréstimo estudantil também corresponde à minha noção de dívida boa. O ativo aqui é o seu futuro (ou o do seu filho). Mais conhecimento leva a mais poder aquisitivo.

Uma **dívida ruim** diz respeito a empréstimos não utilizados para financiar um ativo. Dívidas de cartão de crédito são um exemplo clássico de dívida ruim; a única exceção é quando ele é usado para pagar necessidades essenciais — necessidades, e não desejos —, quando você é jovem e luta para esticar o dinheiro. Endividar-se no cartão para se internar num spa, jantar fora ou comprar a bolsa ou o sapato da moda que você quer, mas do qual não precisa realmente, representa uma dívida ruim. Contratar um empréstimo garantido por imóvel a fim de custear uma viagem de férias também é uma dívida ruim.

O mesmo pode ser dito de um empréstimo para comprar um carro. Aposto como você ficou surpresa agora. A questão é a seguinte: o valor do seu carro jamais aumenta. Só faz cair. Chama-se depreciação. Por isso pegar dinheiro emprestado para comprar um carro não é tão inteligente quanto fazer um empréstimo para comprar uma casa. Entendo, porém, que a maioria de vocês precise fazer um empréstimo para comprar um carro. Tente reduzir ao mínimo possível essa dívida e adotar como meta saldá-la o mais rápido possível; na minha opinião, não se deve levar mais do que três anos para saldar o financiamento de um carro.

Separe as suas dívidas
Quero que você dê uma boa olhada nas suas dívidas atuais e as separe em **boas** e **ruins**. Obviamente, o objetivo é reduzir ao mínimo as suas dívidas ruins. Em seguida, veremos juntas o que fazer com o exemplo clássico da dívida ruim: o seu saldo devedor nos cartões de crédito. Quero, ainda, que você mantenha na cabeça a estratégia bom/ruim quando pensar em contrair uma nova dívida. Sempre pergunte a si mesma: esta é uma dívida boa ou ruim?

Lidando com o saldo devedor dos cartões de crédito
Se você não tem dívidas pendentes nos cartões de crédito, que Deus a abençoe — pule para a parte deste capítulo que fala de avaliação de crédito.

Caso contrário, é importante que pare de encarar o fato como sinal de fracasso ou com tanta culpa que a deixe amedrontada ou envergonhada demais para assumir o controle. Quero que você constantemente diga a si mesma que o que aconteceu no passado está fora do seu controle, mas as decisões quanto ao seu futuro são totalmente controláveis. Assim, que tal nos concentrarmos numa estratégia para construir um futuro livre de dívidas no cartão de crédito?

Isso começa com o compromisso de utilizar o seu cartão de maneira responsável. A minha definição de responsabilidade é limitar os débitos mensais ao valor que puder saldar integralmente quando a fatura chegar. As únicas despesas que você poderá se permitir lançar no cartão sem ter condições de saldar integralmente são aquelas destinadas a emergências genuínas e impossíveis de cobrir com a sua poupança. Esse processo envolverá, necessariamente, a inclusão da palavra "não" em seu vocabulário de gastos. É preciso que você diga não a si mesma, ao seu companheiro e, provavelmente, aos seus filhos. Isso não é fácil, mas nunca se esqueça do porquê de estar lendo este livro: você quer o controle da sua vida financeira, algo que exige o compromisso de fazer boas escolhas. E não conheço escolha melhor do que evitar saldos devedores elevados no cartão de crédito, acrescidos da cobrança de taxas de juros elevadas.

Tratemos, agora, de toda a dívida "antiga" já feita. Listo adiante uma série de estratégias. A ordem em que aparecem é proposital; se a primeira não fizer sentido para você, pule para a segunda, e assim por diante.

Essas estratégias se baseiam no que faz mais sentido do ponto de vista financeiro. Dito isso, admito que a dívida, principalmente a do cartão de crédito, pode provocar enorme impacto emocional nas mulheres. Se você acha que nada no mundo lhe traria maior alívio ou lhe daria maior poder do que saber que quitou o seu saldo devedor do cartão — independentemente de ser ou não a melhor coisa a fazer do ponto de vista financeiro —, quite-o. No entanto, quero me assegurar de que você não vai sair de uma situação ruim para cair em outra. Por isso, no quadro abaixo listo primeiro o que não fazer para saldar a dívida do cartão de crédito e depois o que quero que você faça.

NUNCA USE UM EMPRÉSTIMO GARANTIDO POR IMÓVEL — CONHECIDO COMO HIPOTECA — PARA SE LIVRAR DA DÍVIDA DO CARTÃO DE CRÉDITO

Não faltam anúncios prometendo resolver seus problemas de cartão de crédito através de empréstimos garantidos pelo seu imóvel.[2] O apelo é sedutor: a taxa de juros na linha de crédito garantida por imóvel residencial costuma ser bem mais baixa do que os juros que lhe são cobrados no cartão de crédito.

Não caia nesta armadilha.

Jamais dê como garantia a sua casa para pagar a conta do cartão de crédito.

A dívida do seu cartão é o que chamamos de "dívida não garantida", ou seja, você não deu dinheiro ou bem algum em garantia dela. Um financiamento ou refinanciamento de imóvel é uma dívida "garantida": quando você a contrata, sua casa é a garantia. Se não conseguir efetuar os pagamentos, quem concedeu o empréstimo tem o direito de se ressarcir lançando mão da garantia. Tradução: você pode ser obrigada a vender a sua casa para honrar a sua dívida. Simplesmente não faz sentido

---

[2] Prática não regulamentada no Brasil. Porém, é possível fazer um refinanciamento imobiliário ou de automóveis, o que na prática é a mesma coisa — você toma dinheiro emprestado como se estivesse vendendo parte do bem que possui, comprometendo-se a pagar em parcelas nos próximos meses.

transformar uma dívida não garantida (o cartão de crédito) em dívida garantida (sua casa). Por que você haveria de querer arriscar a sua casa para quitar a conta do cartão de crédito?

A estratégia da linha de crédito garantida por imóvel residencial também abriga uma armadilha perigosa: já vi um monte de mulheres quitarem suas dívidas de cartão de crédito desta forma e depois contraírem novos saldos devedores enormes no cartão de crédito — os mesmos cartões de crédito que acabaram de tentar zerar com o financiamento ou refinanciamento do imóvel. Isso faz com que elas fiquem com a dívida do empréstimo para quitar além do novo saldo devedor no cartão de crédito, ou seja, numa situação financeira pior do que antes! Por favor, nunca refinancie sua moradia para quitar a sua dívida de cartão de crédito. Repito: nunca.

Estratégias para quitar a dívida do cartão de crédito

Transfira o seu saldo devedor para um novo cartão que tenha uma taxa de juros menor

Se você estiver pagando uma taxa de juros mensal de mais de 10% sobre o saldo devedor atual, quero que considere a possibilidade de transferir todo o dinheiro para um novo cartão que cobre uma taxa mais baixa. É o que se chama transferência de saldo. Muitas administradoras de cartão oferecem uma taxa inicial sobre uma transferência de saldo que pode ser de até 0% no primeiro ano. Nem todo mundo tem a sorte de poder fazer um acordo tão vantajoso, por isso é preciso que você pesquise até encontrar o melhor negócio para a sua situação financeira atual.

Se você conseguir uma taxa de juros de 0% ou uma taxa mínima, ótimo! Mas, por favor, tenha o maior cuidado na hora de lidar com o seu novo cartão. A administradora fará o possível para você tropeçar nos pagamentos, de modo a se achar no direito de elevar a taxa de juros. A providência mais importante é ficar superatenta para efetuá-los pontualmente. Não só com relação a esse cartão, mas com qualquer outra conta. Já expliquei anteriormente que as administradoras de cartão de crédito têm uma política conhecida como "inadimplência universal": se atrasar o pagamento de qualquer outro cartão de crédito, você talvez acabe perdendo a excelente taxa de juros cobrada pelo cartão que pagou em dia.

Na verdade, não quero que você sequer carregue esse cartão na carteira. Por quê? Porque essa excelente taxa mínima que lhe deram sobre a transferência não se aplica a novas compras feitas com esse cartão. O mesmo cartão que cobra 0% sobre o saldo transferido pode cobrar 12% ou mais sobre novos saldos. E não pense que você vai poder quitar esse novo saldo rapidinho. A administradora está um passo à sua frente; vai se assegurar de que você acabe pagando aquela taxa de juros alta. Se lançar uma nova despesa no cartão novo, no momento em que você efetuar o pagamento a administradora irá abater essa quantia do saldo transferido (sobre o qual está auferindo 0% de juros) em vez de com ela quitar o saldo de seus novos lançamentos. Isso significa que você terá um novo saldo devedor correspondente aos novos lançamentos, o que significa pagar juros sobre esse saldo. A administradora do cartão sai ganhando novamente! Você agora vai pagar 12% ou mais sobre o novo saldo devedor. E até zerar totalmente o saldo devedor transferido, não será capaz de quitar o novo.

Preste atenção às tarifas de transferência

Assegure-se de ler as letrinhas miúdas e entender o custo de transferir o seu dinheiro. Raramente a transferência é gratuita. Muitas administradoras cobram uma tarifa equivalente a 3% do valor transferido, limitada a um teto máximo, por exemplo, de R$150. Algumas, porém, não estabelecem teto máximo; são 3% redondos sobre o total transferido. Assim, se você quiser transferir R$10 mil, um cartão com teto máximo vai lhe cobrar R$150, mas o cartão sem teto máximo cobrará R$300. É uma enorme diferença.

Ora, estou ciente do quanto pode ser tentador efetuar o pagamento mínimo todo mês no novo cartão, já que a taxa de juros é tão boa. Quero que você abandone esse jeito de pensar. Primeiro, essa taxa só costuma ser boa no período inicial; depois, ela costuma pular para 11%-12% ou mais. Claro que você poderá fazer uma transferência para outro cartão, mas essa abertura constante de novos cartões poderá ter um efeito negativo sobre a sua avaliação de crédito. Não recomendo abrir mais de um cartão de crédito por ano. Além disso, em consonância com a sua postura de "assumir o controle", o melhor é se esforçar para quitar a dívida o mais rápido possível. Isso implica pagar todo mês o máximo que puder. Cabe a você determinar quanto. Esforce-se. Se é fácil acrescentar R$50 ao pagamento mínimo, esforce-se para acrescentar R$100. Se R$100 é uma moleza, veja onde cortar seus gastos de modo a acrescentar R$200. Quanto mais rápido você se livrar dessa dívida, mais cedo se sentirá no controle do seu destino financeiro (uma observação importante: espero que isto seja óbvio, mas não quero de forma alguma que, no intuito de obter dinheiro extra para pagar as faturas do cartão, você deixe de pagar outras contas. É preciso pagar luz, gás, telefone, aluguel etc. em dia. Não surrupie dessas contas na tentativa de conseguir dinheiro para efetuar pagamentos maiores em seu cartão).

Se você continuar com um saldo devedor quando aquela excelente taxa de juros inicial expirar, recomendo que faça nova transferência para um novo cartão. No entanto, não exceda uma transferência por ano, para não complicar sua situação quanto à avaliação de crédito.

Considere sacar da poupança ou dos investimentos o necessário para reduzir (ou zerar) sua dívida no cartão de crédito

Eis uma lição de matemática básica para ter sempre em mente na hora de tomar uma decisão financeira: pergunte a si mesma se o que está ganhando em juros é mais ou menos do que aquilo que está pagando de juros. Assim, digamos que você receba 1% de juros em seus investimentos, mas pague 9% sobre o saldo devedor do cartão de crédito. Ai! Pelas minhas contas, você sai perdendo 8% ao mês. E, na realidade, o 1% que ganha dos investimentos está sujeito a tributação, de modo que o líquido que realmente entra no seu bolso é menor que isso, o que torna ainda maior a diferença entre o rendimento líquido do investimento e o gasto com os juros sobre a dívida do cartão de crédito.

Moral da história: se a taxa de juros do seu cartão de crédito é no mínimo 4% mais alta que a taxa de juros de seu investimento, o bom senso financeiro manda que você utilize o dinheiro poupado para quitar ou reduzir a dívida do cartão de crédito.

E não pense que estará jogando fora a sua segurança financeira ao utilizar esse fundo de emergência, pois a verdade é que enquanto tiver uma dívida de cartão de crédito você não terá uma segurança financeira de verdade.

Comprometa-se com uma estratégia sistemática de pagamento: todo mês pague mais ao cartão com a taxa de juros mais alta

Pegue todas as faturas dos seus cartões. Façamos, primeiro, uma verificação realista: some todos os saldos devedores de todos os seus cartões de crédito.

	Saldo devedor
Cartão 1	
Cartão 2	
Cartão 3	
Total a pagar	

Dê uma olhada nesse total. Minha intenção não é que você se sinta mal. Quero que fique zangada: zangada por ter se permitido entrar numa situação de tamanha impotência. Zangada o bastante para jurar que hoje é o dia de começar a exercer controle sobre os seus cartões de crédito. Sim, vai demorar para zerar a dívida, mas agora que adotou a direção certa, você está no controle.

Organize as faturas dos seus cartões de acordo com a taxa de juros dos mesmos: primeiro o cartão com a taxa mais alta e por último o cartão com a taxa mais baixa. Preencha a ficha abaixo.

	Pagamento mínimo exigido	Juros
Cartão 1		
Cartão 2		
Cartão 3		
Total dos pagamentos mensais mínimos exigidos		

Todo mês você vai precisar, é claro, efetuar o pagamento mínimo devido de cada cartão, mas o objetivo, novamente, é pagar mais que o mínimo que se deve no cartão que cobra a taxa de juros mais alta. Não me interessa se você tem um saldo devedor mais alto em outro; concentre-se no cartão com a taxa mais alta. Deixo a seu cargo decidir o valor extra que irá pagar nesse cartão com a taxa mais alta. Cabe a você decidir quanto poder deseja exercer: quanto mais você se dispuser a pagar todo mês, mais poder terá. É simples assim.

E aqui vai uma dica para passar a perna nas administradoras de cartão de crédito: todo mês, a sua administradora recalculará o pagamento mínimo devido com base no seu saldo devedor (mais baixo), aplicando uma percentagem fixa. Digamos que sejam 3%. Todo mês, conforme o saldo diminua, o pagamento mínimo também diminuirá, porque ele será sempre equivalente a 3% do total da dívida. É assim que as administradoras de cartão de crédito esticam o tempo que o cliente leva pagando. Elas querem que ele continue a pagar juros durante o maior período de tempo possível. Veja agora como evitar essa armadilha: dê uma olhada no pagamento mensal mínimo devido deste mês no seu cartão de taxa mais alta e depois decida quanto quer pagar nele. De agora em diante, pague no mínimo essa nova quantia todo mês. Jamais pague menos, ainda que a sua fatura venha a mostrar nos meses vindouros um menor valor mínimo exigido. Ignore-o. Não reduza o que você pagou no primeiro mês do seu plano de pagamento. Se teve condições de fazer isso no primeiro mês, conseguirá repetir o feito nos seguintes. Assim, digamos que o pagamento mínimo exigido este mês no cartão com a taxa de juros mais alta seja R$75 e que você tenha decidido acrescentar R$50 a essa quantia. O pagamento total desse cartão será de R$125 este mês. Quero que você continue a pagar sempre pelo menos R$125, até zerar a dívida nesse cartão, por menor que seja a quantia que consta na fatura como pagamento mínimo exigido.

Quando conseguir zerar o cartão de taxa mais alta, concentre-se em aumentar os pagamentos do cartão com a segunda taxa de juros mais alta. O extra que destinar ao pagamento desse cartão deverá ser igual ao total que você vinha pagando ao cartão com a taxa mais alta de todas. Assim, voltando ao nosso exemplo, se você vinha pagando R$125 no cartão com a taxa mais alta e, finalmente, conseguiu zerá-lo, passe agora a usar esses R$125 mensais para pagar o cartão seguinte na sua lista. Sei que vai conseguir; afinal, você não vinha pagando R$125 todo mês ao primeiro cartão? Esses R$125 devem ser somados ao pagamento mínimo exigido, seja ele qual for, na fatura do segundo cartão. Em seguida, quando a dívida do segundo cartão for zerada, transfira para o terceiro cartão o pagamento efetuado mensalmente ao segundo. Continue assim até zerar os saldos devedores em todos os seus cartões. Pode levar seis meses ou seis anos. O poder consiste em saber que você se encontra prestes a zerar essa dívida onerosa, não importa quanto tempo leve.

Cuidado com os saques de dinheiro no cartão de crédito

O maior erro que você pode cometer com um cartão de crédito é usá-lo para sacar dinheiro. Terá que pagar uma taxa por esse dinheiro — pode chegar a 5% sobre a quantia sacada —, além de juros a partir do dia do saque, ainda que não exista saldo devedor em seu cartão. A coisa funciona de forma bem diversa do que acontece com as despesas regulares lançadas no seu cartão. Sobre estas você só paga juros quando não quita a fatura (integralmente) na data do vencimento. Basta fazer o pagamento integral no prazo para ficar isenta da cobrança de juros. Mas não existe prazo para adiantamentos de dinheiro. Pior ainda, a taxa de juros pode até mesmo ser de 12% ou mais. Isso é loucura. Agora, se por acaso você enfrentar uma situação impossível para a qual considere que a única opção seja sacar dinheiro no cartão, recomendo verificar se é possível fazer uma transferência de saldo para um novo cartão com uma taxa inicial baixa. Caso isso seja possível, transfira o saldo devedor do adiantamento para esse novo cartão.

Quantos cartões são demais?

Se você possui vários cartões de crédito e se meteu em apuros com saldos devedores nesses cartões, precisa de uma estratégia melhor para administrá-los.

Tenha sempre dois cartões de crédito — um para usar regularmente, outro para servir de reserva. *Um* para servir de reserva, e não dez. E, se a sua carteira está cheia de cartões de crédito de lojas, livre-se deles já. Esses cartões são um mau negócio. Sei direitinho o que aconteceu: você estava no caixa quando lhe ofereceram 10% de desconto nas suas compras se aceitasse um cartão de crédito da loja. Você, então, assinou na linha pontilhada. Pior ainda, provavelmente comprou mais alguma coisa para "aproveitar" o desconto de 10%. No entanto, poupar 10% pode acabar saindo caro: se não quitar integralmente a dívida quando a fatura chegar, vai arcar com uma taxa de juros alta — 15% ou mais, dependendo da loja.

A solução mais simples é parar de usar esses cartões com juros altos depois de zerar seus saldos devedores. Guarde-os numa gaveta ou num cofre ou simplesmente corte-os com uma tesoura, caso seja esta a única forma de se impedir de usá-los.

O melhor a fazer é não cancelar o cartão; isso poderá ter um impacto negativo na sua avaliação de crédito junto à administradora de cartões. Por outro lado, se por acaso eles tiverem uma tarifa de manutenção anual, acho uma boa ideia cancelá-los — mas tenha cuidado. Veja como proceder: arrume os cartões em ordem ascendente quanto aos limites de crédito. Quero que você cancele primeiro o que tem o menor limite de crédito. Um ano depois, cancele o cartão com o segundo menor limite. Continue assim — cancelando apenas um cartão por ano — até conseguir se livrar dos cartões com tarifa anual. A seguir explicarei em detalhes por que o cancelamento pode ser uma manobra arriscada, bem como por que o seu limite de crédito pode ser um fator importante para determinar a sua avaliação de crédito.

O que é avaliação de crédito e por que ela é importante... e muito

Se tiver condições de escolher, você há de querer estar em posição de conseguir os melhores acordos financeiros para cartões de crédito e empréstimos, certo? Quanto menos juros pagar, mais dinheiro terá para gastar e poupar tanto para você quanto para a sua família. Devo dizer que existe realmente uma escolha. O que você acaba pagando em juros nos cartões de crédito, financiamentos de imóveis e automóveis depende em grande parte da sua avaliação de crédito. Suponho que muitas de vocês já tenham ouvido a expressão "pontuação de crédito", mas não saibam ao certo o que ela significa ou o que tem a ver com você.

Quer saiba ou não, praticamente toda conta que você paga é monitorada pela instituição financeira com a qual você se relaciona. Seu banco possui um arquivo volumoso sobre a sua pontualidade como pagadora e sobre o montante das suas dívidas, além de obter junto ao Banco Central do Brasil a informação sobre o total de dívidas que você possui com outras instituições financeiras. As informações do seu cadastro individual são, então, jogadas numa caixa-preta que utiliza todo tipo de fórmulas matemáticas para calcular uma pontuação para você. Essa pontuação é conhecida como pontuação de crédito. Quando você preenche um formulário para adquirir um cartão de crédito ou conseguir qualquer tipo de empréstimo, a sua pontuação de crédito é um espelho rápido do quanto você é responsável com as suas dívidas. Basta uma olhada e ela informa a quem você pediu o empréstimo se vale a pena fazer negócios com você. Se for excelente, ou seja, se você for super-responsável quanto ao pagamento das suas contas e não estiver afogada em dívidas pesadas, quem empresta poderá lhe fazer as melhores ofertas disponíveis no mercado. Isso pode se traduzir em uma taxa de juros mais baixa no financiamento da sua casa ou automóvel ou nos cartões de crédito.

O cálculo da sua pontuação de crédito, que determina sua avaliação de crédito, se baseia em cinco fatores. Quero que você se concentre nos dois mais importantes: a pontualidade dos seus pagamentos e o tamanho da sua dívida. Os outros três fatores são: há quanto tempo você goza de crédito, se pediu ou não um volume grande de crédito novo e o "conjunto" dos créditos, como cartões, financiamento de carros e empréstimos estudantis.

Insisto tanto na pontualidade dos pagamentos porque ela tem enorme participação na sua pontuação de crédito. E basta efetuar o pagamento mínimo exigido.

Aumente a sua pontuação de crédito reduzindo o seu endividamento total

O outro elemento primordial na sua pontuação de crédito é o tamanho da sua dívida. Um fator-chave nessa porção da pontuação é conhecido como coeficiente de limite débito-crédito, parcialmente calculado somando-se todos os saldos devedores de cartões de crédito e dividindo o resultado pelo total de limites de crédito em todos os seus cartões. Digamos que você possua um saldo devedor de R$1.500 em três cartões e os limites de crédito disponíveis nesses três cartões sejam, respectivamente, R$3 mil, R$5 mil e R$7 mil, totalizando R$15 mil. A conta é a seguinte: dívida total dividida pelo crédito total disponível. Assim, neste exemplo, R$1.500 divididos por R$15.000. Isso lhe dá um coeficiente de endividamento/limite de crédito de 10%. Não existe regra rígida quanto ao que constitui um bom coeficiente, mas, obviamente, quanto menor ele for, melhor. Um coeficiente de 50% não é nem de longe tão bom quanto um de 10%.

É fácil para você calcular o seu coeficiente somando todos os saldos devedores e dividindo o resultado pelo seu limite total de crédito. Se ele for alto, é bem provável que a sua avaliação de crédito não seja das melhores. A melhor maneira para reverter esse quadro é se concentrar em reduzir o saldo devedor. Ao reduzir esta parcela da equação, o seu coeficiente de endividamento/limite de crédito também vai cair. Quando ele cai, a sua pontuação de crédito sobe.

É por causa do cálculo do coeficiente de endividamento/limite de crédito que não recomendo o cancelamento de cartões de crédito sem uso se você tiver saldos devedores. Ao cancelar o cartão, o seu "crédito disponível" será reduzido no equivalente ao valor de crédito que esse cartão disponibilizava, de modo que, sem querer, você poderá estar elevando o seu coeficiente.

Plano de ação: resumo de providências quanto a cartões de crédito e avaliação de crédito

✓ Assegure-se de ter no mínimo um cartão de crédito exclusivamente no seu nome;

✓ Leia suas faturas mensais do cartão de crédito quando elas chegarem; verifique erros e superfaturamento, prestando atenção na data do vencimento;

✓ Sempre efetue o pagamento pontualmente — *até* o vencimento. Sem desculpas;

✓ Leve a sério a missão de se livrar de velhos saldos devedores no cartão de crédito;

  - Se a taxa de juros do seu cartão de crédito for mais alta do que a rentabilidade de seus investimentos pessoais, utilize o valor poupado para zerar saldos de cartões com taxas de juros altas;

  - Pense em transferir saldos devedores para um novo cartão de crédito que ofereça uma taxa de juros baixa no período inicial de adesão;

  - Pague mais do que o mínimo exigido ao cartão com taxa de juros mais alta.

Terceiro mês:
investimentos para a aposentadoria

Eu adoraria se você...

... começasse a poupar dinheiro, qualquer quantia, para a aposentadoria.

... entendesse que mesmo um pouquinho hoje pode se transformar em muito amanhã.

... participasse do plano de aposentadoria da empresa em que trabalha se esta contribuir na mesma proporção que você.

... conseguisse obter o *máximo* de contribuição do empregador.

... escolhesse a melhor composição de investimentos para seu plano de previdência privada.

... jamais sacasse um empréstimo do seu plano de previdência antes de se aposentar.

... soubesse que os Planos Geradores de Benefícios Livres (PGBLs) são imbatíveis.

... entendesse que até as donas de casa ou esposas que não trabalham podem ter um plano de previdência privada.

... se comprometesse a investir em um Vida Gerador de Benefícios Livres (VGBL), além de investir em seu PGBL.

Está na hora de mudar de marcha. Nos dois primeiros meses, falamos dos gastos e da poupança básica. Esse é o sólido alicerce para a construção da segurança financeira aqui e agora. A seguir, abordaremos o futuro, concentrando-nos em investir dinheiro hoje a fim de viver com conforto na aposentadoria.

As questões que a noção de poupar para a aposentadoria levantam constituem o ponto central do pesadelo de se tornar uma "quase mendiga" no futuro — a ponto de não ter dinheiro suficiente para manter o próprio teto. O pânico invariavelmente se instala quando você esbarra numa calculadora on-line que mostra uma soma absurdamente alta que precisa ser poupada para a sua aposentadoria, ou num artigo de revista afirmando que, se 15% da sua renda não forem religiosamente depositados numa conta para a aposentadoria, o futuro será negro. Na minha opinião, concentrar-se em uma cifra alta é um péssimo conselho para planejar a aposentadoria, um desestímulo e tanto: ao descobrir que é preciso escalar o monte Everest mesmo sem nunca ter subido um morro, não espanta que você se sinta desanimada e desmotivada.

Por isso, a primeira tarefa no que diz respeito a poupar para a aposentadoria é a seguinte: desligue-se, no momento, dessa fixação por uma quantia alta. *Concentre-se no que você pode, realmente, controlar hoje*: dar o melhor de si para construir uma poupança para a aposentadoria. Seja qual for a quantia, ela é a correta, porque corresponde a tudo que você tem condições de guardar hoje.

Este mês vamos nos concentrar em garantir que você se beneficie dos investimentos possíveis para uma aposentadoria tranquila. As próximas páginas trazem muitas informações que serão úteis para pôr os pés no chão e entender as providências que desejo que você tome. Lembre-se de que "não saber" já não é uma desculpa aceitável para não agir. Por isso, não se assuste com o volume de informações que lhe peço para absorver; no final das contas, o que estou receitando aqui é claro, simples e está bem-explicado.

Primeiramente, você vai se inteirar sobre o plano de previdência oferecido por intermédio do seu empregador, também conhecido como fundo de pensão. Depois, passaremos em revista os planos de previdência particulares (VGBLs e PGBLs) nos quais você pode — e deve — investir sozinha. Fornecerei um plano simples sobre como investir na sua poupança para a aposentadoria. Este costuma ser um outro bloqueio para as mulheres: deixamos o dinheiro parado porque não sabemos quais as melhores decisões de investimento a tomar. A indecisão não irá ajudá-la a atingir suas metas de aposentadoria. Você precisa ter certeza de que o dinheiro que pode guardar para a aposentadoria é capaz de lhe render um sólido retorno.

A única forma de neutralizar as sensações de impotência, indecisão e derrota é *agindo*. *A atitude mais poderosa quando se trata do seu futuro é mostrar autoconfiança*, porque quando se trata da sua aposentadoria realmente cabe a você cuidar de si mesma.

Pouquíssimas empresas hoje em dia oferecem um plano tradicional de pensões no qual os funcionários recebem uma remuneração ao se aposentarem, calculada com base numa fórmula que leva em conta o salário e os anos de serviço. É preciso ser honesta: mesmo que você por acaso trabalhe numa dessas empresas jurássicas que ainda oferecem tais planos, vale a pena poupar por conta própria também. Um número enorme de grandes empresas que prometeram pensões futuras a empregados atuais está começando a recuar diante do custo de cumprir tais promessas. Elas podem acabar reduzindo os benefícios de aposentadoria e, em casos extremos, recorrendo ao governo para uma ajuda de emergência.

E não pense, por favor, que o que você recolhe atualmente para a Previdência Social será suficiente para atender as suas necessidades de aposentada. Todos sabemos que qualquer que seja o valor da aposentadoria da Previdência Social, quando chegar a hora ele não será suficiente para o seu sustento. A Previdência Social nunca pretendeu ser o único plano de aposentadoria para os brasileiros, mas, sim, servir de apoio financeiro para os mais necessitados. A ideia nunca foi prover uma solução integral para todos.

Isso nos leva de volta a você e à sua necessidade de poupar. Sei que muitas de vocês não se imaginam pondo as necessidades da aposentadoria à frente das necessidades atuais dos filhos ou da poupança para custear a faculdade deles. Por isso, abordarei esse dilema típico em primeiro lugar.

Poupar para a universidade dos filhos *vs.* Poupar para a sua aposentadoria

Sei que toda mãe quer o melhor para seus filhos. Isso inclui o desejo de vê-los numa universidade. Preciso, porém, que você leia o que vem a seguir de mente aberta: caso não disponha hoje de dinheiro suficiente para poupar para a universidade de seus filhos *e* para a sua própria aposentadoria, priorize a segunda opção. Não por amá-los menos, mas por amá-los mais. A verdade é que se você se aposentar sem dinheiro suficiente para se sustentar, vai acabar se tornando um ônus financeiro para seus filhos. Você se lembra da definição de generosidade em "Os oito atributos de uma mulher rica"? Um ato que pretenda ser generoso, mas que, ainda assim, deixe de atender ou atenda insatisfatoriamente as necessidades financeiras do doador, não é uma forma genuína de generosidade. Você não faz ideia da quantidade de e-mails que recebo de adultos preocupados com a subsistência dos pais. Por isso entenda que a decisão mais generosa que você pode tomar hoje — em benefício próprio e dos seus filhos — é criar o máximo de segurança financeira possível para que no futuro você só lhes peça mais tempo de convívio, com eles e com seus netos, e não ajuda financeira.

Isso não significa desampará-los. Como gosto de dizer, existem muitos tipos de empréstimos para custear a universidade, mas não existe nenhum para custear a aposentadoria. Sua abordagem aqui deve ser estratégica: você e seus filhos lançarão mão de empréstimos para ajudar a pagar a universidade, e nesse processo o dinheiro que sobrar para poupar

a longo prazo será destinado ao seu fundo para a aposentadoria.

Aproveite o tempo ao máximo

Um dos grandes equívocos quanto a investimentos é achar que
se precisa de muito dinheiro para ganhar muito dinheiro. Isso
simplesmente não é verdade. Precisa-se, sim, de algum dinheiro e muito tempo. Tempo é um componente crucial quando se
trata de investimento, mas a nossa tendência é desperdiçá-lo.

Examinemos dois cenários distintos: Meire começa a poupar
para a aposentadoria aos 25 anos. Débora espera até ter 45 para
levar a sério a necessidade de poupar. Ambas se comprometem
a investir R$200 por mês e receberão um retorno médio anual
de 8% sobre o que investirem. Isso não significa que ganharão
8% todo ano, mas que ao longo de vários anos suas perdas e
ganhos acabarão totalizando um retorno médio de 8%.

Quando fizer 45 anos, Meire terá investido R$48 mil do
seu próprio dinheiro, e o bolo estará em aproximadamente
R$119 mil. Débora ainda não começou a poupar.

Aos 45 anos:			
Meire (começou a investir aos 25 anos)		**Débora** (começou a investir aos 45 anos)	
Quantia investida:	R$48.000	Quantia investida:	R$0
Valor total:	R$118.589	Valor total:	R$0
Aos 65 anos:			
Meire		**Débora**	
Quantia investida:	R$96.000	Quantia investida:	R$48.000
Valor total:	R$702.856	Valor total:	R$118.589

Dos 45 aos 65 anos, Meire continua cuidando do seu plano de investimento. Débora só começou o dela aos 45. Quando ambas chegam aos 65 anos, Meire investiu o dobro (R$96 mil) do que Débora investiu (R$48 mil). Mas atenção para a última linha da tabela: o que Meire acumulou para a aposentadoria é quase *seis vezes* maior que o total de Débora — R$702.856 contra R$118.589. Meire investiu apenas R$48 mil a mais, porém acabou juntando uma diferença de quase R$585 mil a mais (para ter os mesmos R$702.856 de Meire aos 65 anos, Débora teria que investir quase R$1.200 mensais a partir dos 45).

Qual foi, então, o truque de Meire? Nada além de tempo. Quanto mais cedo você começar a poupar, mais tempo o seu dinheiro terá para crescer. Quando ele cresce com o tempo, você está tirando proveito do que se conhece como crescimento composto, ou ganho sobre ganho. A maneira mais fácil de entender esse conceito é através de um exemplo. Digamos que você comece com R$1 mil e consiga 10% no primeiro ano. São R$100. Assim, você começa o segundo ano com R$1.100. Suponhamos que você receba novamente 10%. Só que agora serão 10% sobre R$1.100, não 10% sobre R$1 mil. Assim, no segundo ano você recebe R$110 e não R$100, o que eleva o seu saldo para R$1.210 (R$1.100 + R$110 = R$1.210). Se novamente você tiver um retorno de 10%, serão R$121 no terceiro ano, ou 10% sobre R$1.210. Esse processo de capitalização, de acumular juros sobre juros, funciona como uma bola de neve descendo uma ladeira, crescendo ao longo do caminho. E quanto mais tempo o seu dinheiro tiver para crescer, mais dinheiro você terá no final. A capitalização foi o que fez com que Meire se saísse tão melhor do que Débora.

Agora, se você já está na casa dos quarenta ou cinquenta e não poupou um tostão, não desanime nem desista. Lembre-se, não se envergonhe e não se culpe pelo que fez ou deixou de fazer no passado. Concentre-se no que está ao seu alcance: as escolhas que fará hoje e diariamente daqui para frente. Isso significa começar a poupar — aqui e agora. Tire o máximo de proveito do tempo que lhe resta até a aposentadoria, tenha você 25 ou 55 anos.

Arrumando dinheiro

A outra grande lição que nos ensinaram Meire e Débora é que uma pequena quantia é capaz de fazer uma enorme diferença na sua vida. Meire embolsou mais de R$700 mil não por ter ganhado na loteria ou abocanhado uma baita gratificação ou herança, mas por ter diligentemente guardado R$200 por mês, R$50 por semana. Aposto que se você estiver seriamente motivada a criar sua própria segurança financeira — e banir para sempre o medo de virar mendiga — vai descobrir um jeito de arrumar R$50 por semana para construir uma poupança.

△ Em www.maisdinheiro.com.br você encontra uma calculadora na qual pode registrar o quanto acha que é capaz de poupar por mês para descobrir quanto terá aos sessenta e cinco anos. Insisto que você utilize a calculadora e experimente vários cenários diferentes: comece com uma quantia fácil de poupar mensalmente. Depois, faça outro cálculo, aumentando essa contribuição mensal em R$25 e, em seguida, acresça mais R$50. E se você conseguir investir R$100 mensais a mais do que imaginou originalmente?

Desconfio de que muitas de vocês estejam dizendo que embora esses números façam sentido, a verdade é que simplesmente não sobra dinheiro algum, depois de pagar as contas, para poupar para a aposentadoria. Certo, já ouvi isso, mas agora preciso que você me ouça: se o dinheiro hoje não dá para pagar as contas mesmo com o salário entrando todo mês, como dará para pagar essas mesmas contas lá na frente, quando não houver mais contracheques? Não vai dar, essa é a resposta. Você precisa começar a poupar e tem que ser já. A minha experiência me diz que, depois que começar a priorizar a poupança para a aposentadoria e programar para que os depósitos no plano de previdência privada sejam descontados diretamente no seu contracheque ou em débito automático em sua conta, você vai passar a gastar menos. Pense nisso. Faz sentido, não faz? Quanto mais você ganha, mais você gasta, certo? Foi o que eu pensei. Agora inverta a situação. Quanto menos dinheiro houver na carteira ou na conta-corrente, menos você vai gastar. Ao programar o desconto da aplicação no plano de previdência da empresa diretamente no contracheque, você vai ter menos dinheiro disponível e vai gastar menos. Será que é tão simples assim? Pode apostar. Bem, então vamos começar com os planos oferecidos pelos empregadores a seus empregados.

O plano de aposentadoria que o seu empregador oferece

Possivelmente você conta com um plano de previdência na empresa em que trabalha. Planos de previdência corporativos funcionam de maneira simples e conhecida. O empregado informa o valor a ser descontado no próprio contracheque — respeitados os limites máximos fixados, em geral algo próximo de 5% dos ganhos mensais — para aplicação no plano de previdência. A quantia informada é descontada automaticamente do contracheque e aplicada nesse plano.

A VANTAGEM DO BENEFÍCIO FISCAL

Para estimular você a poupar, os tradicionais Planos Geradores de Benefícios Livres (PGBLs) têm um conjunto de isenções fiscais. Para começar, o dinheiro que você investe no plano —

chamado de contribuição — é descontado do seu contracheque e permite a recuperação do imposto de renda sobre esse valor, respeitado o limite de aplicação de até 12% da renda anual. Essa recuperação é feita na declaração de imposto de renda do ano seguinte. Assim, cada real que você investe no seu plano de aposentadoria reduz o seu rendimento tributável no ano respectivo em R$1. Por exemplo, se você ganha R$40 mil anuais, mas investe R$3 mil no seu plano de aposentadoria, seu rendimento tributável cai para R$37 mil, o que significa mais imposto a recuperar no próximo ano. Enquanto mantiver o dinheiro aplicado no plano de aposentadoria, você não paga imposto algum. Apenas quando começar a sacar dinheiro da conta os impostos passam a incidir. Esse cenário é conhecido como investimento com imposto diferido: o dinheiro cresce sem qualquer incidência de imposto enquanto estiver investido. A cobrança de imposto é diferida, ou seja, postergada, até você se aposentar e começar a sacar dinheiro da conta. Independentemente da idade que tiver ao sacar o dinheiro de um plano do tipo PGBL, você terá que pagar imposto sobre a quantia sacada (e não somente sobre os lucros obtidos com o investimento).

A CONTRIBUIÇÃO PROPORCIONAL DO EMPREGADOR

Por melhores que sejam essas vantagens fiscais, a outra razão para toda mulher — ou seu cônjuge ou companheiro — investir em um PGBL corporativo é fazer jus à contribuição do empregador para a aposentadoria do empregado. Na maioria dos planos, o empregador recolhe uma contribuição para essa conta, desde que o empregado — você — também invista algum dinheiro e permaneça trabalhando para a empresa durante certo tempo (esse prazo varia para cada empresa). Na minha opinião, isso deveria se chamar gratificação de aposentadoria, porque se trata de uma remuneração extra que o seu empregador concorda em pagar anualmente desde que você contribua para o seu PGBL. A fórmula dessa contrapartida varia. Vejamos um exemplo: um empregador contribui com R$0,50 para cada real que o empregado investe em seu PGBL até um teto máximo, digamos, de R$1.500. Assim, segundo esse exemplo, se você investir R$3 mil, seu empregador acrescentará outros R$1.500. Um ganho instantâneo de 50% para você! Mas se não contribuir para o plano, você não fará jus à contribuição dele. Na verdade, isso equivale, praticamente, a rejeitar uma gratificação. Por favor, não se esqueça de me contar se souber de um investimento que remunere o seu dinheiro a 50%! Está vendo que maluquice é rejeitar dinheiro de graça?

CANDIDATE-SE À MAIOR GRATIFICAÇÃO DE APOSENTADORIA POSSÍVEL

Se você — ou seu marido ou companheiro — preenche os requisitos para se habilitar a um PGBL ou outro plano de aposentadoria que ofereça contribuição do empregador, aproveite plenamente essa vantagem. Surpreendentemente, cerca de 20% dos indivíduos que participam de um PGBL corporativo não contribuem com o suficiente para conseguir a contribuição máxima por parte do empregador. Que baita erro! De que tamanho? Vou lhe mostrar: se rejeitar uma contribuição do empregador no valor de R$1.500 durante vinte anos e esse dinheiro gozar de uma taxa média de retorno de 8%, você estará abrindo mão de quase R$75 mil.

Caso você não tenha se dado o trabalho de se inscrever no plano, ainda que esteja apta a participar dele, pegue o telefone agora e ligue para o departamento de Recursos Humanos para dar andamento imediato aos papéis. Muitas empresas costumam inscrever seus funcionários automaticamente no plano de previdência, salvo se o funcionário explicitamente pedir para ser excluído do mesmo, mas, mesmo assim, o processo ainda dá um certo trabalho. Quando a inscrição no plano é feita automaticamente, o empregador escolhe um percentual de contribuição para você — que pode ser de 2% do seu salário. O nível de contribuição "padrão" que o empregador escolhe pode não ser alto o bastante para corresponder à contribuição máxima por parte dele. Assim, cabe a você se informar junto ao departamento de Recursos Humanos para saber se é preciso ou possível elevar a sua própria contribuição para o plano de modo a aproveitar a "gratificação" máxima do empregador.

Atenção: Se o seu plano de previdência não oferece contribuição do empregador, mesmo assim não o despreze para sua estratégia de poupança para a aposentadoria. Por serem produtos negociados entre empresa e banco, o poder de barganha do negociador é maior e as condições de investimento costumam ser bem mais vantajosas do que seriam se fossem negociadas diretamente entre você e seu gerente de conta ou corretor de seguros. Mais à frente, no planejamento para este mês, falarei em detalhes sobre os planos de previdência compostos, que investem de forma mais arrojada que típicos planos corporativos e que, por isso, tendem a ser outra ótima opção.

Escolha a composição certa para a carteira de investimentos de seu plano

Inscrever-se é apenas o primeiro passo; em seguida você terá que informar ao plano como deseja investir o seu dinheiro. Em geral, nos planos corporativos ficamos limitados às opções oferecidas pelo plano, que costumam ser a compra de ações da empresa empregadora e os fundos conservadores, predominando em renda fixa. Muitas empresas foram além, criando planos que oferecem mais de uma dúzia de fundos de investimentos compostos, com participação em ações de diversas empresas, para os funcionários escolherem. Sei que tamanha variedade de escolha é um fator a levá-la a desistir de investir no plano, por isso vou simplificar a sua tarefa.

O que é uma ação?

A primeira coisa a entender é a diferença entre uma única ação e um fundo de ações. Quando uma empresa quer levantar dinheiro para poder se expandir e crescer, um dos recursos de que dispõe é criar um número específico de cotas da própria empresa para vender a outras pessoas por uma quantia específica. Isso se chama *abrir o capital*, ou seja, possibilitar ao público a compra de ações dessa empresa. Quando você detém ações de uma empresa, você é um acionista e possui um pedacinho da empresa. Por isso, uma cota do patrimônio também pode ser chamada de participação patrimonial. Se a empresa se sai bem, o valor das ações sobe; se ela não vai bem, o preço da ação cai. A ação de uma empresa que abriu o capital é comercializada numa bolsa de valores. Uma bolsa de valores é precisamente o que o nome sugere: o lugar em que os indivíduos que detêm ações ou cotas de uma empresa procuram para comprá-las ou vendê-las.

Agora que você sabe o que é uma ação, chegou a hora de conhecer algumas regras que regem a propriedade de ações, principalmente dentro de um plano de previdência.

O princípio da diversificação

Uma regra básica para investir é jamais concentrar todo o dinheiro em uma ou duas ações ou mesmo num pequeno número delas. O motivo é bastante simples: se 100% do seu dinheiro estiverem investidos em uma ação e esta ação cair, você terá sérios problemas. A ideia é ter várias ações diferentes de diferentes setores industriais ou de serviços. Isso se chama *diversificação*. Por essa razão, a maior parte do seu dinheiro deve estar nos planos de previdência compostos, que contem com fundos de investimentos que incluam diversificação em ações: mesmo que o seu plano de aposentadoria ofereça ações da própria empresa empregadora, insista em manter os planos compostos como a base de seu projeto para aposentadoria. Se aplicar a maior parte do seu dinheiro em ações da empresa empregadora, você não estará seguindo o princípio da diversificação.

O que é um fundo de ações?

Um fundo de ações é simplesmente um fundo que possui dezenas, se não centenas, de ações de companhias diferentes. Ele lhe dá diversificação instantânea: você compra cotas de um fundo de ações e cada cota lhe confere participação em todas as diferentes ações que o fundo possui.

Uma outra diferença: você decide quando comprar ou vender uma ação. Com um fundo de ações, um gerente de carteira decide que ações comprar ou vender para o fundo. Você, é claro, exerce controle sobre a compra e a venda das cotas do fundo, mas o gerente de carteira controla o processo decisório quanto aos investimentos que integram esse fundo.

Como investir seu dinheiro em um plano de previdência

Você vai querer que o seu plano de previdência invista seus recursos em um fundo que inclua compra de ações. Pela legislação brasileira, um fundo de previdência privada pode investir em ações até 49% do patrimônio contribuído, e o restante obrigatoriamente em títulos de renda fixa. Provavelmente o seu plano também oferece o que se chama de fundo de renda fixa, com participação exclusiva em títulos desse tipo. Não escolha essa opção a menos que a sua aposentadoria esteja próxima.

Explico por quê. Aquelas de vocês para as quais ainda faltam, no mínimo, dez anos para a aposentadoria devem optar por ações individuais, fundos de ações ou planos de previdência compostos. Quando se investe a longo prazo numa conta de aposentadoria, ações e fundos de ações oferecem a melhor oportunidade de ganhos para ajudá-la a alcançar seus objetivos de aposentadoria e são a melhor opção para receber retornos superiores ao índice de inflação. Os fundos de renda fixa não possuem o mesmo potencial de alta das ações. Por outro lado, é absolutamente verdade que as ações também têm seu lado negativo. Qualquer um que tenha investido em ações entre 2007 e 2008 sabe muito bem do que estou falando. No entanto, é preciso que você entenda esta regra básica dos investimentos: com o tempo — décadas, não meses — as ações superam a renda fixa em termos de performance e, sim, também superam a poupança.

Entendo que muitas de vocês tenham medo de investir em ações por achar que elas representam um risco excessivamente alto ou são demasiado voláteis. Mas também é terrível manter o seu dinheiro em investimentos muito conservadores, como títulos de renda fixa ou dinheiro vivo (contas de poupança), onde você correrá o risco de não vê-lo crescer o bastante para sustentá-la na aposentadoria, risco este que você não pode se dar ao luxo de correr. Sim, as ações podem ser voláteis de um mês para o outro e de um ano para o outro, mas quando se está investindo para dez ou mais anos à frente, é possível enfrentar as quedas e aplicar seu dinheiro de modo a tirar proveito das fases em que as ações disparam.

Agora você já sabe que deve se concentrar nos fundos de ações, mas o seu plano permite escolher várias composições entre ações e renda fixa, e você não faz a menor ideia de qual escolher.

Faça o seguinte: primeiro, resolva se quer tomar uma decisão e nunca mais olhar a sua carteira de investimentos. Se a resposta for sim, o que significa basicamente que você prefere ficar no piloto automático até a data da sua aposentadoria, recomendo o seguinte:

OPTE POR UM FUNDO "CICLO DE VIDA"

Algumas seguradoras e empresas oferecem esta solução fundo-único — o que chamo de opção "Achou, fechou". Para descobrir se existe esse tipo de fundo à sua disposição entre as alternativas de planos de previdência, ligue para o departamento de Recursos Humanos ou verifique as suas opções na internet, ou ainda entre em contato com um corretor de previdência de confiança — que costuma ser o mesmo profissional que negocia seguros para você.

Se houver um plano de previdência com a expressão "ciclo de vida" ou "estilo de vida" entre suas opções, siga esse caminho. Basta escolher a opção no fundo "estilo" cujo ano de aposentadoria (que fará parte do nome do fundo) corresponda à data em que você pretende se aposentar. Normalmente, é possível escolher fundos com datas de aposentadoria situadas entre cinco e quarenta anos no futuro. O fundo, automaticamente, mantém o desconto adequado — segundo especialistas — ao número de anos que faltam para a sua aposentadoria, procedendo a ajustes ao longo do tempo. Por exemplo, se você escolher um deles cujo ano de aposentadoria seja daqui a quarenta anos, sua carteira hoje será majoritariamente de ações; à medida que a data da aposentadoria se aproximar, o investimento em ações será automaticamente reduzido, passando para aplicações menos arriscadas. O fundo também "aloca" automaticamente os seus investimentos em um amplo leque de tipos de ações: ações de indústrias variadas, pequenas ações, grandes ações etc.

A opção por um fundo "ciclo de vida" é ótima, sobretudo se você não quiser se preocupar mais com o seu dinheiro, mas devo dizer que para mim não é a solução perfeita. Se estiver disposta a prestar só um pouquinho mais de atenção ao seu dinheiro, há uma opção melhor e quase tão fácil de pôr em prática.

OPTE POR FUNDOS DE ÍNDICE

A estratégia da parcela investida em ações por fundos de planos de previdência é tipicamente a mesma estratégia dos chamados fundos de índice. Em lugar de serem administrados por um gerente ou por uma equipe de gerentes financeiros responsáveis por decidir que ações o fundo deve possuir, um fundo de índice descarta o elemento humano. Você não investe na capacidade de um gerente financeiro ser um guru de mercado capaz de tomar decisões geniais sobre o que comprar e o que vender, mas num fundo que simplesmente visa imitar um conhecido indicador de desempenho do mercado. Um dos mais conhecidos índices de mercado é o Standard & Poor's 500, nos EUA, ou o Ibovespa, no Brasil. O S&P 500 se compõe de quinhentas ações diferentes de companhias bem conhecidas — o que chamamos de "ações de primeira linha".

Um plano de previdência cuja parcela investida em ações reflita o S&P 500 é uma ótima escolha. Da mesma forma, acompanhar o Ibovespa significa acompanhar o desempenho das cerca de cem empresas mais negociadas e desejadas por investidores no Brasil, o que por si só já é um fator de confiança.

O ponto mais importante aqui é que a indexação — ponto final — é um ótimo caminho. A verdade é que pouquíssimos gerentes financeiros com "gerenciamento ativo" dos fundos mútuos — ou seja, com o encargo de escolher as ações para os seus fundos — são capazes de superar os indicadores de desempenho ano após ano. Confiar em um fundo de índice costuma produzir melhores retornos ao longo dos anos do que confiar em gerentes financeiros.

Se você tiver a opção de um fundo de índice, ótimo. Adote-a, seja para seu plano de previdência, seja para outros investimentos feitos para médio e longo prazo.

Você vai me deixar encantada, quer opte pela estratégia "ciclo de vida" ou pela de índice para a sua estratégia para a previdência; estará investindo adequadamente para a aposentadoria. Quero, porém, deixar claro: essas estratégias representam uma ótima abordagem de "mínimo esforço". Como o leque de opções de investimento que sua disposição demonstra, além dos fundos "ciclo de vida" e de índice, existem vários outros tipos de fundos onde investir. Cada um deles tem um objetivo diverso para o investimento. Alguns se concentram nas grandes empresas, as que estão há anos no mercado (fundos de alta capitalização), enquanto outros investem apenas em empresas pequenas e jovens que possuem um grande potencial de crescimento (fundos de baixa capitalização). Você também vai encontrar fundos que utilizam uma estratégia de investimento específica — um fundo com a palavra "crescimento" no nome costuma abrigar ações de empresas com expectativa de apresentar grandes saltos em seus rendimentos. Outros se concentram em ações que vêm andando em ritmo lento ou apresentando uma certa desvalorização ultimamente, mas das quais se espera uma forte reação positiva; elas são conhecidas como ações "maduras". É claro que os riscos variam de um para outro investimento, razão pela qual é importante saber onde você está se metendo e se tem condições de correr esses riscos.

Sua aposentadoria está próxima?

Para aquelas que estão a apenas alguns anos de distância da aposentadoria, meu conselho é que comecem a converter sua estratégia para a renda fixa dentro do seu plano de previdência. É um tipo conservador de fundo de obrigações estruturado de forma a que o valor da sua conta não diminua, ou seja, permaneça estável. O lado negativo é a taxa de juros paga sobre o investimento, que costuma ser apenas um ou dois pontos percentuais maior do que a da caderneta de poupança.

O motivo por que sugiro transferir parte do seu dinheiro dos fundos de ações para os fundos de renda fixa é a redução do risco. Lembre-se: recomendo ações e fundos de ações quando você dispõe de no mínimo dez anos para manter o dinheiro investido, mas se está para se aposentar e acredita que precisará do dinheiro daqui a poucos anos, você necessita de uma proteção para a sua conta. Se investir 100% do dinheiro em ações, correrá o risco de arcar com um grande prejuízo se o mercado de ações passar por uma de suas turbulências justo na hora de você sacar o dinheiro. Assim, você tem que começar aos poucos a transferir parte do dinheiro do fundo de ações para fundos de renda fixa. Essa providência reduzirá a volatilidade geral da sua conta.

No entanto, não transfira automaticamente tudo para a renda fixa até ter 55 ou sessenta anos. É importante manter parte do seu dinheiro investido em ações, pois a verdade é que você *só* tem 55 ou sessenta anos! Tudo indica que muitas de vocês vão viver outros vinte anos ou mais. Por isso, transfira apenas uma parcela do seu dinheiro dos fundos de ações para a renda fixa. Você precisa tanto da estabilidade que os fundos de renda fixa provêm quanto dos ganhos potenciais das ações. Meu conselho é:

▲ quando tiver sessenta anos, tenha aproximadamente 35% do seu dinheiro aplicado em fundos de renda fixa;

▲ entre sessenta e setenta anos, aumente esse percentual para 50%;

▲ depois dos setenta anos, passe anualmente outros 5% para a renda fixa, até que...

▲ aos oitenta anos, você não tenha mais nada investido em ações ou fundos de ações.

Esta é apenas uma **estratégia geral**. A sua situação individual ditará o que faz mais sentido para você. Por exemplo, se você pretende deixar o patrimônio do plano de previdência para seus herdeiros — ou seja, se não vai precisar usar o dinheiro para se sustentar na aposentadoria —, não haverá necessidade de reduzir muito os riscos, podendo deixá-lo aplicado em ações e fundos de ações para que ele cresça para as próximas gerações. O único motivo para transferi-lo para investimentos mais conservadores à medida que você for envelhecendo é diminuir o risco de que sua carteira sofra uma redução brusca de valor justamente na hora em que esse dinheiro for necessário para pagar as suas despesas de sustento na aposentadoria.

Quanto àquelas ações da empresa...

Como eu disse anteriormente, alguns planos de aposentadoria corporativos permitem que você invista em ações da própria empresa que é sua empregadora. Com efeito, alguns planos exigem que a contribuição proporcional do empregador seja investida em ações da empresa.

Se o seu plano oferece ações da própria empresa, seja muito cautelosa. Está lembrada da diversificação de que falamos há pouco? Ora, se o seu plano de previdência tem 50% investido em ações da própria companhia, você não está diversificando.

Seria bom se as ações da empresa empregadora não somassem mais que 10% do total do investimento. Não apenas do investimento no plano de previdência, mas de todos os seus investimentos. É assim que você vai se proteger de surpresas desagradáveis. O que me faz lembrar o desastre da Enron. Muitos funcionários da Enron tinham a totalidade dos seus planos de previdência investida em ações da empresa. Essas pessoas não perderam apenas o emprego quando a Enron faliu; suas contas de aposentadoria ficaram zeradas porque estavam repletas de ações da Enron.

Sem dúvida é raro uma empresa de grande porte falir, mas é preciso ser realista quanto a todo tipo de risco: as ações da sua empresa podem ser afetadas se um concorrente ganhar terreno; o setor como um todo pode cair em desgraça ou a turbulência econômica global pode prejudicar a expectativa de crescimento da sua empresa. A ideia é que ninguém pode ter certeza que uma única empresa será sempre um bom investimento o tempo todo.

Mantenha o volume de ações da sua própria empresa em 10% ou menos do total investido. Se a sua empresa anteriormente deixava você de mãos atadas, lhe entregando a própria contribuição proporcional em ações, verifique com o departamento de Recursos Humanos se apenas isso é possível. Devido ao problema da Enron e outros, existem agora novas normas em vigor que estimulam os empregadores a facilitar para os empregados a transferência do dinheiro de ações da empresa para outros fundos oferecidos no plano.

Deixe o seu dinheiro em paz!

Não posso ser mais enfática e clara quando digo: não toque no seu dinheiro antes de chegar à idade de se aposentar. Eis o erro crasso que vejo muita gente cometer e que põe em risco seus anos de aposentadoria:

LEVANTAR O DINHEIRO NUNCA!

Se sair do emprego — voluntariamente ou não —, você não é obrigada a manter o seu dinheiro investido no plano de previdência corporativo da empresa que a empregava. Porém, dependendo do prazo em que trabalhou para a empresa, pode não receber parte ou o total da parcela de contribuição feita pelo empregador. Por outro lado, normalmente é permitido continuar no plano e desfrutar dos diferenciais de negociação tipicamente obtidos por este tipo de plano. Uma de suas alternativas para esse dinheiro poupado é sacar tudo para suprir um período de desemprego. Você nunca — repito, *nunca* — deve adotar essa opção. Pouco me importa que você só tenha R$1.500 no plano de previdência e realmente precise deste dinheiro. Lembre-se: se ele é necessário agora, é provável que vá ser mais necessário ainda quando você estiver mais velha.

Poupando por conta própria para a aposentadoria

Um plano de previdência com contribuição proporcional do seu empregador representa um ótimo investimento para promover a segurança na aposentadoria, mas nem todas as empresas oferecem esse plano, razão pela qual você também precisa juntar por conta própria uma poupança para a aposentadoria. É importante fazer todo o possível hoje — *poupar* tudo que for possível — para construir o maior patrimônio de aposentadoria de que for capaz. Assim, quer você possua um plano em que esteja contribuindo proporcionalmente à contribuição da empresa, quer não possua esse tipo de plano em seu local de trabalho, recomendo-lhe contratar planos para a aposentadoria adicionais, investir neles e administrá-los *por conta própria.*

Todo o trecho a seguir foi adaptado do livro *Investimentos inteligentes* (Thomas Nelson Brasil), de autoria de Gustavo Cerbasi.

Planos de Previdência Privada também não devem ser confundidos como simples alternativas de investimento. Eles são, na verdade, um pacote de serviços e soluções que utilizam os investimentos como parte do pacote. Além do serviço de gestão de investimentos que você encontra nos fundos em troca de uma taxa de administração, os planos de previdência oferecem um amplo serviço de planejamento financeiro e tributário, em troca do pagamento de uma segunda taxa, conhecida como taxa de carregamento.

Na prática, ao contratar um Plano de Previdência, você está comprando um serviço que selecionará investimentos para você, conduzirá uma estratégia para esses investimentos, determinará a disciplina necessária à manutenção do plano e ainda permitirá que você pague menos impostos, se fizer uma boa escolha. Também com uma boa escolha, você poderá colher, no longo prazo, resultados inalcançáveis por meio de fundos com estratégias de investimento semelhantes. Pretendo mostrar isso com cálculos, a seguir.

Para os planos que citarei adiante, a essência de funcionamento é a mesma. Seus recursos serão investidos em um fundo de previdência, semelhante aos fundos que acessamos por meio do banco, mas que é específico para a finalidade de previdência. Essa característica traz grande segurança, pois todos que investem nesse fundo têm objetivos de longo prazo

— o que permite a seu gestor fazer escolhas mais adequadas para um perfil dessa natureza.

Na hora da aplicação dos recursos, é cobrada uma taxa de carregamento sobre o valor de cada aplicação, que acontece apenas uma vez; depois, a rentabilidade será afetada apenas pela taxa de administração, como acontece nos fundos tradicionais. O investidor não pagará impostos até que resolva sacar o dinheiro. Quando isso acontecer, o imposto a pagar (se houver) dependerá do regime tributário escolhido no início do plano e do valor do saque. Há casos em que é vantajoso sacar todo o valor, outros em que é recomendável sacar aos poucos ou usufruir da renda gerada pelo próprio plano, sob a orientação da instituição que administra o produto.

Além das vantagens matemáticas que os planos de previdência podem trazer, existem também vantagens estratégicas para a proteção da família. Os recursos totais acumulados são disponibilizados imediatamente aos beneficiários declarados pelo poupador em caso de morte ou invalidez do mesmo, sem entrar em inventário. Além disso, os beneficiários ficam isentos do Imposto de Renda, em caso de herança. Essas características fazem com que os planos de previdência sejam encarados também como uma espécie de seguro de vida.

Não me resta dúvida de que planos de Previdência Privada são a maneira mais simples e segura de enriquecer. Provavelmente, não é a maneira mais rápida, mas a segurança é inquestionável. Obviamente, se você se considera uma investidora ativa, conhecedora do mercado e das melhores oportunidades, não precisa pagar taxas de serviços para construir sua riqueza, e sua rentabilidade diferenciada pode até superar o benefício fiscal obtido pela previdência. Mas, tenho certeza, para a grande maioria das pessoas, um Plano de Previdência é a solução mais eficaz para garantir o futuro.

Duas escolhas que você deve fazer

Quem decidir contratar o serviço de construção automática de riqueza oferecido pelos planos de previdência privada terá que fazer duas importantes escolhas. Provavelmente, serão as escolhas mais importantes de sua vida financeira, que impactarão sensivelmente seu poder de consumo no futuro e a vida de sua família. Basicamente, o investidor terá que optar entre dois produtos disponíveis, conhecidos pelas siglas PGBL e VGBL, e duas maneiras diferentes de pagar o imposto de renda em cada produto. São quatro possíveis caminhos.

Dos produtos e suas características, temos:

▲ **Plano Gerador de Benefícios Livres (PGBL)** — É o plano que oferece ao poupador o benefício de abater ou restituir, na Declaração de Imposto de Renda do ano seguinte ao que aplica, os impostos pagos sobre a renda que foi poupada. Esse benefício se limita a 12% da renda anual tributável do poupador, e só pode ser obtido por quem contribui regularmente para a previdência pública (INSS) e declara seu imposto de renda pelo modelo completo de declaração — aquele que permite detalhar as despesas tributáveis e abatê-las da renda anual para fins de cálculo do imposto. Por exemplo, quem ganha R$100 mil por ano teoricamente sofre uma retenção na fonte de 27,5% de IR, ou R$27.500 por ano, se não tiver despesas dedutíveis. Ao aplicar R$12 mil (ou 12% da renda) em um PGBL, a pessoa passa a ter direito à restituição de 27,5% sobre este valor, recebendo, no ano seguinte, uma restituição de R$3.300 (0,275 × 12.000). Sem contar com um PGBL, esse dinheiro jamais voltaria a seu bolso, pois iria para os cofres do governo. Futuramente, ao resgatar seus investimentos, o imposto de renda a pagar dependerá do regime tributário escolhido pelo poupador na contratação do plano e será sobre o **total resgatado,** e não apenas sobre o lucro obtido com o investimento. Por esse motivo, considera-se que o abatimento de IR é uma postergação de impostos, e não uma isenção.

▲ **Vida Gerador de Benefícios Livres (VGBL)** — Não oferece a vantagem da postergação de impostos típica do PGBL, o que faz deste produto uma espécie de aplicação programada, porém com as vantagens tributárias no resgate e a liberação de inventário. É o plano de previdência adequado para quem não paga IR na pessoa física (profissionais liberais e empresários, por exemplo), ou para investir os recursos que ultrapassem 12% da renda anual. Futuramente, ao resgatar seus investimentos, o imposto de renda a pagar dependerá do regime tributário escolhido pelo poupador na contratação do plano e será apenas sobre o **lucro obtido** com o investimento, e não sobre o total resgatado, como acontece no PGBL. Ao confrontar um VGBL com fundos de renda fixa e multimercados tradicionais, a aparente desvantagem imposta pelo custo de carregamento deve ser comparada com a significativa desvantagem do come-cotas imposta a estes produtos.

As duas possíveis escolhas quanto ao pagamento do Imposto de Renda são:

▲ **Regime de Tributação Regressivo** — Caracteriza-se por beneficiar quem mantém seu plano no longo prazo, pois proporciona alíquotas de imposto de renda decrescentes, de acordo com o prazo em que os recursos permanecerem investidos antes de serem resgatados:

Tempo de acumulação	Alíquota
0–2 anos	35%
2–4 anos	30%
4–6 anos	25%
6–8 anos	20%
8–10 anos	15%
Acima de 10 anos	10%

Essa tributação é sobre os lucros do VGBL ou sobre o total resgatado em um PGBL. Quem opta pelo regime de tributação regressiva do IR deve considerar que a tributação é na fonte e definitiva, dependendo exclusivamente do prazo de aplicação, não podendo ser deduzido das futuras declarações anuais de IR.

No momento do resgate, a incidência de Imposto de Renda dependerá do tempo acumulado de cada contribuição até a data do resgate — para cada contribuição, incide uma das alíquotas da tabela acima. Por exemplo, se o participante resgatar, após cinco anos de permanência no plano previdenciário, sobre as 24 últimas contribuições anteriores ao resgate, incidirá alíquota de 35%; sobre as contribuições feitas entre dois e quatro anos anteriores ao resgate, incidirá alíquota de 30%; e assim por diante.

▲ **Regime de Tributação Progressivo** — Ao optar por este regime, os recursos aplicados se acumularão sem qualquer retenção de impostos — como no Regressivo — e, ao resgatar, a alíquota incidente sobre os lucros, no caso do VGBL, ou sobre o total resgatado, no caso do PGBL, seguirá a tabela progressiva vigente[2] de Imposto

---

[2] Para a tabela atual, consulte:
www.receita.fazenda.gov.br/aliquotas/ContribFont.htm

de Renda da Receita Federal, como a utilizada para a declaração de renda em 2009:

Base cálculo mensal (R$)	Alíquota (%)	Parcela a deduzir do imposto (R$)
Até 1.372,81	—	—
De 1.372,82 até 2.743,25	15,0	205,92
Acima de 2.743,25	27,5	548,82

Apesar de a retenção do tributo ser na fonte e no momento do resgate, ela não é definitiva, pois pode ser deduzida até seu valor total na declaração anual de IR, caso o total de rendimentos — incluindo os saques do plano de previdência no regime progressivo — esteja na faixa de isenção da tabela da Receita Federal.

Por exemplo, imagine que você esteja planejando obter uma renda de R$5 mil mensais ou R$60 mil anuais em sua aposentadoria, já considerando a aposentadoria do INSS. Muitos pensam que, nesta faixa de renda, terão que pagar uma alíquota de 27,5% no regime progressivo. Porém, se na aposentadoria suas declarações anuais de IR forem feitas pelo modelo completo, será possível abater da renda suas despesas dedutíveis. Podemos considerar que:

▲ Em 2008, contribuintes com mais de 65 anos de idade tinham isenção sobre rendimentos até R$17.846,53. Em outras palavras, deduz-se esse valor dos rendimentos anuais antes de identificar a alíquota de IR a pagar;

▲ É possível abater da renda tributável um valor por dependente. Podemos considerar que, na aposentadoria, ao menos o cônjuge será um dependente a declarar. Em 2008, esse valor era de R$1.655,88 anuais por dependente;

▲ Outro tipo de despesa dedutível é o gasto com médicos e planos de saúde. Se um casal gastar R$1.500 mensais com plano de saúde, poderá abater esse valor de sua renda tributável — no caso, R$18 mil por ano.

Utilizando os critérios de 2008, a renda tributável não seria de R$60 mil, mas sim de:

	R$60.000,00	
(−)	R$17.846,53	
(−)	R$1.655,88	
=	R$22.497,59	(ou R$1.874,80 mensais)

Perceba que, no exemplo, a maior parte da renda mensal tributável está na faixa de isenção. É sobre este valor que incide a tabela da página anterior, com alíquota zero para a maior parte e alíquota de 15% para uma pequena parcela da renda. Na média, o imposto de renda ficaria bem abaixo de 10% da renda total, no caso de um PGBL, e menor ainda no caso de um VGBL, em que incidiria a alíquota apenas sobre os ganhos. Isso para um aposentado com renda de R$6 mil mensais.

QUAL INVESTIMENTO É MAIS RENTÁVEL?

Essa simples pergunta exige uma ampla reflexão. Não é tarefa simples responder, pois:

▲ Se considerarmos que o benefício obtido com a restituição do imposto pago sobre o valor aplicado no PGBL será aplicado assim que for restituído, o poder de acumulação do PGBL passa a ser 12% superior ao de outros produtos de investimento imediatamente;

▲ Não se pode desprezar a taxa de carregamento, que "rouba" boa parte da força multiplicadora logo no instante da aplicação;

▲ A possibilidade de pagar os impostos apenas no resgate constitui uma enorme vantagem sobre os fundos de renda fixa, no longo prazo — mas essa vantagem existe também nos fundos de renda variável;

▲ O IR pago na fonte ao resgatar recursos de fundos que não sejam de previdência no regime tributário progressivo não pode ser deduzido na declaração anual de IR.

Fiz uma simulação da evolução do saldo acumulado de investimentos feitos em diferentes produtos, **considerando para todos eles a mesma rentabilidade, de 8% ao ano,** e o mesmo prazo de investimento (trinta anos). Parti da hipótese de que a renda mensal da poupadora é de R$4.167 e que ela decidiu poupar 12% da renda, ou R$500 mensais. Veja o resultado:

Descrição	PGBL no modelo progressivo	PGBL no modelo regressivo	VGBL no modelo progressivo	VGBL no modelo regressivo	Fundo de renda fixa	Fundo de ações
Contribuição mensal	500	500	500	500	500	500
Valor rerstituído	138	138	-	-	-	-
Aporte total (líquido de 2% de carregamento)	625	625	490	490	500	500
Saldo em 30 anos, rentabilidade de 8% a.a.	885.654	885.654	694.630	694.630	566.71	708.807
Resgate líquido total	648.299	788.232	558.336	637.625	566.717	629.486

Algumas simplificações foram feitas[3] para não tornar os cálculos excessivamente complexos, mas os resultados obtidos são bem próximos do que seria alcançado na prática. Considerei que o benefício fiscal do PGBL é reinvestido em um VGBL, pois não há vantagem em aplicar mais de 12% da renda no primeiro. O fundo de renda fixa não sofre incidência de IR no resgate, pois o imposto é pago "ao longo da vida", pelo come-cotas. Algumas conclusões interessantes podem ser obtidas:

▲ O poder de acumulação do PBGL é sensivelmente superior ao de outras modalidades, devido ao valor restituído e aplicado;

▲ O Regime de Tributação Progressiva penaliza sensivelmente os saldos dos PGBLs e VGBLs, porém não se deve esquecer que a simulação foi feita para um resgate total. Com resgates mensais e considerando a possibilidade de isenção de IR, pode-se considerar que o saldo bruto de R$694.630 do VGBL é superior ao saldo líquido de R$629.486 do fundo de ações, pois não há como evitar o IR no resgate do fundo;

▲ O desempenho do fundo de renda fixa é extremamente prejudicado pelo efeito do chamado come-cotas, que é o recolhimento semestral de imposto, obrigatório para

---

[3] Por exemplo, considerei que as taxas de carregamento são idênticas no PGBL e no VGBL em que o poupador investe o benefício fiscal de R$138 (não deveriam ser, pois o valor aplicado no VGBL é menor); a alíquota de resgate é uma aproximação da que seria obtida pelo escalonamento da tabela de IR; o carregamento é fixo ao longo do plano (na prática, costuma ser decrescente); não considerei o descasamento entre a aplicação de R$500 no PGBL e de R$138 no VGBL, que podem ter um intervalo de um ano de diferença. Esses ajustes causam impacto inferior a R$10 mil no saldo final.

este tipo de produto. Ele só é mais eficiente do que o VGBL Progressivo se a contribuinte da previdência precisar sacar o valor total de uma vez;

▲ O PGBL na tributação progressiva mostra-se como a alternativa mais rentável para o caso de saques mensais de reduzida tributação, se a poupadora conseguir uma alíquota REAL de imposto de renda inferior a 10% — o que não é difícil.

Atente para o fato de que esta é apenas uma simulação hipotética, considerando a mesma rentabilidade para todos os produtos, o que é impossível acontecer. Se a rentabilidade de seu PGBL ou VGBL for comparada com a de um fundo de investimento com carteira similar, provavelmente o fundo será mais rentável, pois as taxas de administração dos fundos de previdência costumam ser maiores do que as de fundos tradicionais. Além disso, a rentabilidade divulgada não é sobre o valor que saiu de sua conta, mas sim sobre o que foi aplicado após pagar a nada modesta taxa de carregamento. São diferenças que, provavelmente, não sejam suficientes para o fundo de renda fixa ultrapassar os planos de previdência, ao menos em um período de trinta anos. Em 15 anos, talvez a história seja bem diferente.

Podemos também considerar a rentabilidade de 8% muito baixa para um fundo de ações, e é mesmo para uma perspectiva de longo prazo. Porém, caso aconteça um longo ciclo de turbulência nos mercados acionários, é provável que os juros elevem-se consideravelmente. Por isso, não gosto de projetar o rendimento das ações muito descolado do da renda fixa. 10% a 20% ao ano é uma faixa de rentabilidade aceitável para a bolsa de uma economia saudável, no longo prazo.

QUAL ESTRATÉGIA É MELHOR?

A opção pela tabela progressiva ou pela regressiva terá de ser feita quando a participante aderir ao plano de previdência. Para decidir qual lhe será mais vantajosa, é necessário projetar o momento de sua saída do plano de previdência. Para quem receber os menores benefícios de aposentadoria (abaixo da faixa de isenção da tabela progressiva), a tabela progressiva tende a ser mais benéfica, pois a tributação pode até chegar a zero.

Já para quem permanecer por mais tempo no plano de previdência, ou para quem planeja se aposentar com benefícios maiores, a tabela regressiva tende a ser mais benéfica, pois a alíquota final média estará bem próxima a 10%, porém sem possibilidade de dedução na declaração anual de ajuste.

Trata-se de apenas dois produtos, com duas estratégias tributárias para cada um. Apesar de contarmos com apenas quatro possibilidades, o número de variáveis envolvidas conduz a uma orientação pouco objetiva: cada caso deve ser analisado individualmente, de preferência por um corretor de previdência experiente. Mas algumas situações podem ser pontuadas para sua reflexão:

▲ Ao contratar um plano de previdência no regime regressivo de IR, você deve ter a certeza de que não resgatará seus recursos a curto ou médio prazo, pois, caso contrário, pagará um imposto elevado. No caso de PGBL, poderá até receber menos do que aplicou, pois a tributação é sobre o saldo total;

▲ Ao fazer projeções para um plano adequado a sua aposentadoria, as maiores dúvidas certamente não são aquelas relacionadas à carteira do fundo ou às características do plano, que são bastante confiáveis, mas sim aquelas relacionadas a sua situação fiscal futura;

▲ Como é difícil prever sua situação fiscal futura e, consequentemente, a alíquota do IR do regime progressivo, provavelmente a melhor escolha a ser feita em termos de plano de previdência é contratar dois planos, que, na média, assegurem uma situação vantajosa ao menos para a metade de seu patrimônio. Por exemplo, você pode travar parte de sua tributação em 10% pelo regime regressivo e contratar um plano pelo regime progressivo para contar com a possibilidade de isenção;

▲ Por se tratarem de produtos tipicamente de longo prazo, é perfeitamente aceitável que a opção do poupador seja pelos chamados planos de carteira composta, o equivalente a fundos multimercados ou balanceados, com uma participação menor em renda variável. Há muitas opções no mercado, incluindo planos que começam mais arrojados, com grande participação em ações, mas que vão reduzindo essa participação à medida que o participante envelhece. A participação máxima em renda variável é de 49% para planos de previdência;

▲ Quem pensa em contar com um plano de previdência para custear a faculdade dos filhos, ou mesmo para garantir o futuro deles, encontrará nos VGBLs com tributação progressiva uma excelente alternativa. O plano pode ser feito em nome do filho, permitindo que, futuramente, os saques sejam feitos com boa certeza de isenção de impostos;

▲ Dependendo de sua situação fiscal futura, você pode colher um duplo benefício fiscal. Ao optar por um PGBL no regime progressivo, você abate o IR atual, aplica recursos que não seriam mais seus (a restituição do IR) e ainda pode deixar de pagar impostos nos saques futuros, dependendo da dedutibilidade de sua declaração anual.

Cuidados na hora da negociação

Como você deve ter percebido, o sucesso de um plano de previdência depende essencialmente da negociação feita no momento da contratação. Por isso, alguns pequenos cuidados podem fazer a maior diferença na hora de colher os frutos.

Não escolha seu produto sozinho. Conte sempre com um corretor de seguros e previdência. Por mais que ele seja um vendedor, é ele quem conhece detalhadamente as oportunidades que os planos podem oferecer, principalmente quanto a vantagens tributárias e em caso de inventário e herança.

Analise cuidadosamente o contrato do plano antes de assinar a contratação. Verifique se há penalidades para resgates antes da data prevista, restrições à mudança de plano no meio do caminho e condições impostas para que você obtenha taxas melhores.

Taxas de administração aceitáveis para planos de renda fixa costumam estar entre 1% e 2% ao ano. Para planos compostos, entre 2% e 3%. Quanto mais dinheiro você planejar aportar, menos deve pagar em taxas.

É na taxa de carregamento que está a brecha para negociações, pois é dela que sai a comissão do corretor. Se pesquisar diversos produtos, você encontrará desde taxas que começam elevadíssimas, mas que decaem com o tempo, até planos que isentam de taxas, mas que cobram uma multa elevada em caso de saída precoce. Pesquise e não aceite pagar muito, barganhe no carregamento. Se pagar caro, que seja por um planejamento impecável montado pelo seu corretor.

Considere também a possibilidade de fazer planos em nome dos filhos, para obter com grande dose de certeza a isenção tributária no momento da faculdade. Se você já tem filhos, mas ainda não tem uma reserva financeira de pelo menos vinte vezes os gastos mensais da família, não descarte a ideia de contratar um VGBL somado a um seguro para garantir que a faculdade dos seus filhos esteja assegurada mesmo em caso de sua falta.

Calma — você ainda precisa de uma conta de poupança para emergências

Imagino o que você deva estar pensando: "Maravilha, não preciso investir numa conta de poupança. Basta pôr o dinheiro em um VGBL e usá-lo para emergências." Não e não! Essa não é uma manobra inteligente. Você tem que ter um fundo de poupança para emergências — aquele do qual falamos no primeiro mês —, além de um plano de previdência privada. Quero que você encare seu plano de previdência apenas como último recurso no caso de uma emergência. Preste atenção nas palavras-chave que usei: "último recurso".

Se você tem como investir tanto na caderneta de poupança quanto no Plano de Previdência que for melhor para você, ótimo. Se o dinheiro anda curto, use uma estratégia: pegue qualquer que seja a quantia que possa ser investida mensalmente e a divida entre os dois objetivos. Por exemplo, se você dispõe de um total de R$200 todo mês para investir, ponha R$100 na caderneta de poupança e R$100 no seu plano de previdência.

Invista de acordo com o seu ritmo

Existem dois métodos para investir em seu plano de previdência privada, seja ele um PGBL ou um VGBL.

Você pode fazer um grande investimento anual ou investir uma quantia menor mensal ou trimestralmente. Investir tudo de uma vez chama-se investimento de quantia global. Assim, se você dispuser de R$4 mil ou R$5 mil, invista tudo em seu plano de uma vez só, numa única quantia global. Bem simples.

Se, porém, não tiver R$4 mil ou R$5 mil disponíveis, fracione seu objetivo de contribuição para investir no plano. Por exemplo, para terminar o ano com R$4 mil aplicados, é preciso investir mensalmente R$333. Embora eu fosse adorar ver você investindo isso, quero que entenda que também é possível investir menos de R$4 mil, caso não disponha desse dinheiro.

Se R$50 é o que funciona dentro do seu orçamento atual, tudo bem. Não desista de poupar para a aposentadoria por achar que R$50 por mês não vão adiantar nada. Sei que já falamos sobre isso no primeiro mês do plano, mas desejo reenfatizar esse ponto: um pouquinho pode gerar um bocado com o tempo.

Investindo R$50 mensalmente com uma remuneração anual de 8% sobre o seu investimento, você terá:

R$9.208 em dez anos

R$29.647 em vinte anos

R$75.015 em trinta anos

R$175.714 em quarenta anos

Mantenha todos os seus planos de previdência em um mesmo lugar

Quer você opte por investir em um PGBL, quer opte por um VGBL ou mesmo por ambos, insisto em que mantenha os seus investimentos em planos de previdência numa única instituição. Isso se deve ao fato de muitas seguradoras oferecerem descontos ou até isenção na taxa de carregamento, que normalmente estão condicionados ao patrimônio mantido junto aos planos da seguradora. Quase sempre, quando seu patrimônio atinge um determinado teto, você fica isenta da taxa ou obtém descontos superiores a 50%. Se você já possui dois ou três planos de previdência em seguradoras diferentes, verifique no seu extrato o valor da taxa de carregamento em cada uma delas. Transfira todas as suas contas para a instituição com as melhores opções de investimento e as taxas mais baixas. Unificando suas várias contas numa só, talvez você consiga um montante que leve a uma boa economia na taxa de carregamento.

Plano de ação: resumo de como investir para a aposentadoria

✓ Invista em num plano de previdência privada;

✓ Se o seu empregador oferece um plano de previdência com contribuição proporcional, não deixe de participar desse plano e invista o suficiente para fazer jus à gratificação máxima de aposentadoria;

✓ Não aplique mais de 10% do seu investimento em ações da empresa em que você trabalha;

✓ Caso faltem, no mínimo, dez anos para você se aposentar, concentre-se em planos de previdência compostos com elevadas participações de investimentos em ações;

✓ Invista em um PGBL apenas o suficiente para fazer jus à dedução máxima do imposto de renda, depositando em um VGBL o restante planejado para sua aposentadoria.

Quarto mês:
os documentos essenciais

Eu adoraria se você...

... entendesse que um testamento não basta para proteger você e seus entes queridos.

... tivesse um truste inter vivos revogável com uma cláusula de incapacidade.

... transferisse a propriedade dos seus bens para o truste.

... fizesse um testamento de reserva.

... atualizasse os beneficiários de todos os seus bens.

... entendesse a forma mais segura de garantir a propriedade da sua residência.

... elaborasse uma lista de diretrizes antecipadas quanto ao seu tratamento médico, bem como uma procuração durável[4] com a finalidade de fazer cumprir tais diretrizes.

... checasse os seus documentos essenciais uma vez por ano.

Ao longo dos próximos dois meses, vamos nos concentrar em garantir que você e a sua família estejam preparadas para os grandes imprevistos da vida. A promessa deste livro — deter o poder de controlar o seu destino — obviamente não pode conter os acontecimentos capazes de alterar a vida e que escapam ao nosso controle, como doenças, morte e catástrofes naturais. No entanto, podemos nos preparar para certas eventualidades — por mais duro que seja enfrentá-las. Basta um raciocínio claro e a coragem de entabular algumas conversas difíceis com seus entes queridos — e com você mesma. Como sempre, tentarei ao máximo tornar todo esse processo o mais indolor possível.

---

[4] Nos EUA, procuração que se torna ou permanece eficaz quando o outorgante fica incapacitado. (N.T.)

Antes de começarmos, vou pedir que você responda sim ou não a algumas perguntas muito importantes. Por favor, responda honestamente.

▲ Se você se vir gravemente enferma e incapacitada de falar por si mesma, será que os seus documentos se encontram ao alcance para que uma pessoa de sua escolha tome decisões quanto à sua saúde e aos cuidados médicos que devam ser prestados?

▲ Se você se vir incapacitada, será que seus documentos se encontram ao alcance para que uma pessoa de sua escolha realize pagamentos por você e lide com seus assuntos financeiros?

▲ Se você estiver em um hospital sobrevivendo graças a equipamentos, será que seus documentos se encontram ao alcance para que a pessoa da sua escolha comunique seus desejos aos médicos?

▲ E se você morrer amanhã? Seus filhos menores estarão protegidos? Você tem tudo em ordem, de modo que o adulto da sua escolha possa lidar com os aspectos financeiros da criação deles da maneira como você gostaria?

▲ Você possui hoje um truste inter vivos revogável para facilitar a transferência dos seus bens para os herdeiros sem qualquer custo ou demora? Em caso afirmativo, este truste contém uma cláusula de incapacidade?

Se você respondeu sim a todas essas perguntas, parabéns, estou encantada. No entanto, mesmo assim quero que você leia este capítulo todo, porque é extremamente importante saber se esses documentos contêm tudo o que é preciso para torná-los plenamente eficazes. Ter um documento que não esteja correto pode causar mais prejuízo do que não ter documento algum.

Se você respondeu não a qualquer das perguntas acima — e tenho quase certeza de que o fez —, o plano deste mês merece a sua maior atenção. Se respondeu não a todas, digamos mais uma vez juntas: não é o caso de sentir vergonha nem culpa.

O objetivo do plano deste mês é garantir que você tenha os documentos em ordem para proteger a si mesma e a sua família e assegurar-se de que seus negócios sejam administrados de acordo com seus desejos no caso de uma tragédia. Vamos abordar os documentos legais específicos que você precisa manter organizados, de modo a constituir o seu espólio para que seus bens sejam distribuídos precisamente como você quer e com a maior facilidade possível para os herdeiros. Isso é necessário para mulheres solteiras, casadas, com filhos e sem filhos, para mulheres com muito dinheiro e para aquelas que lutam para sobreviver. **Todas as mulheres precisam prestar atenção agora.**

Comecemos a nossa abordagem dos documentos essenciais discutindo algo que é crucialmente importante:

As mulheres vivem mais que os homens

Vimos as estatísticas que mostram que as mulheres vivem, em média, mais que os homens. Por isso, aquelas de vocês que são casadas têm grande chance de passar seus últimos anos na Terra sem o companheiro. Meu próprio pai morreu em 1981, quando minha mãe tinha apenas 66 anos. Hoje, ela está com 94 e vive sozinha há mais de 25 anos. Se formos tomar a minha família como exemplo, é bom que se diga que aos 58 anos — e, na verdade, já há alguns anos — cuido dos negócios da minha mãe e atendo às suas necessidades financeiras, bem como às minhas. Sem dúvida tenho sorte por ter minha mãe comigo todos esses anos e também tenho sorte por poder lhe dar uma vida confortável. Mas a realidade é que precisamos pensar na possibilidade bastante realista de um dia precisar, ao mesmo tempo, cuidar dos filhos, de nós mesmas e dos nossos pais. Acrescente-se a isso a possibilidade de que um dia você possa vir a ser a única pessoa com esse encargo — se o seu marido a deixar viúva —, e você entenderá por que considero ser mais importante do que nunca que você — *e os seus pais* — mantenha seus documentos em ordem.

O fato de em geral vivermos mais tempo significa que precisamos lidar com o nosso dinheiro não apenas aos sessenta ou setenta anos, mas também aos oitenta, noventa e até mesmo aos cem anos. Conforme envelhecemos, muitas de nós achamos cada vez mais difícil cuidar das tarefas cotidianas, como pagar as contas ou administrar nosso dinheiro. Todas esperamos ser capazes — assim como os nossos entes queridos — de escapar do mal de Alzheimer e da senilidade, mas o objetivo deste mês é imaginar os piores cenários que escapem ao nosso controle e exercer um certo domínio sobre eles — na medida do possível, através do planejamento e da previsão, enquanto somos fortes e saudáveis.

Os documentos essenciais

Independente de quem seja e do que tenha na vida, toda mulher precisa destes três documentos:

▲ um testamento;

▲ um truste inter vivos revogável com uma cláusula de incapacidade;

▲   diretrizes antecipadas quanto ao próprio tratamento
médico e uma procuração durável[5] para fazer cumprir
as mesmas.

Por que um testamento não basta

Se você tiver algum documento em ordem, aposto que é um
testamento. Se for este o caso, quero que saiba: **um testamento não basta!** Não estou dizendo que ele seja inútil. Na
verdade tem grande valor. É num testamento que você declara como deseja que determinados bens e pertences sejam
distribuídos aos seus entes queridos após a sua morte. Um
testamento informa quem herdará o que por ocasião da sua
morte. Isso será especialmente importante se você tiver mais
de um filho. Um testamento é capaz de evitar conflitos entre
os herdeiros.

Um testamento também pode estipular quem serão os guar-
diões legais dos seus filhos, caso você e o pai deles faltem.

Um testamento decerto tem seu lugar entre os documentos
essenciais. Quando alguém morre sem testamento, ocorre o
que se chama "sucessão hereditária intestada", o que significa que o seu patrimônio será distribuído de acordo com
a legislação federal que rege o assunto, uma série de regras
de sucessão impessoais. Duvido que você deseje que os seus
bens sejam distribuídos segundo uma legislação impessoal.

Isso é tudo que um testamento faz por você. Vou dizer
agora o que um testamento não fará por você:

▲   um testamento só vale quando o testador morre. Na
eventualidade de uma mera incapacidade, um testamento não ajuda em nada;

---

[5] Nos EUA, procuração que se torna ou permanece eficaz no caso de o outorgante ficar incapacitado. (N.T.)

▲ quando alguém morre deixando unicamente um testamento, este em nada facilita a transferência dos seus bens
para os herdeiros. Um testamento precisa ser validado
por um juiz para ser considerado eficaz. Isso é feito através de um procedimento judicial chamado "inventário".
O processo de inventário demanda tempo e dinheiro;

▲ o que se estipula em um testamento pode ser derrogado
por outros documentos. Por exemplo, se você declarar em seu testamento que a sua sobrinha herdará sua
casa, mas jamais se preocupou em excluir seu ex-marido da escritura do imóvel na qualidade de coproprietário com direito de sucessão, a casa irá para ele. Sua
sobrinha ficará chupando o dedo.

Se um testamento não basta, então o que é preciso? É preciso um testamento e um truste inter vivos revogável.

Isso mesmo, os dois. Tenho lido vários artigos contestando
esse fato, mas jamais abrirei mão da convicção de que você
precisa de ambos. No primeiro capítulo deste livro, identifiquei o objetivo de você desenvolver um relacionamento
saudável com o seu dinheiro. Para isso, é preciso entender
as razões para efetuar manobras financeiras para si mesma,
motivo pelo qual defenderei a minha causa e ajudarei você a
entender por que sou tão veemente quanto a este ponto. Depois, caberá a você decidir se concorda comigo — conforme
espero —, confiante e convictamente.

Truste inter vivos revogável

De todos os documentos essenciais, um truste inter vivos revogável é o mais poderoso, pois uma vez corretamente esta-
belecido, ele pode cuidar de tudo para você, tanto enquanto
você viver como após a sua morte.

Se você tem um truste inter vivos revogável, vá pegá-lo e assegure-se de que ele inclui tudo que vou abordar aqui. Se não tem, continue a ler.

Informações básicas sobre um truste

Comecemos com algumas definições de modo a falarmos a mesma língua:

Revogável significa que, uma vez instituído o truste, você poderá alterá-lo a seu bel-prazer. Você permanece no controle. Nada é definitivo.

Inter vivos significa que ele funciona enquanto você está viva, ao contrário de um testamento, que só se torna eficaz depois da sua morte. As condições e disposições expressas no seu truste continuarão aplicáveis depois que você morrer.

Truste é simplesmente o nome do documento.

Fiduciante é a pessoa que institui o truste.

Curador é a pessoa — ou pessoas — com autoridade sobre todos os bens contidos no truste. O curador decide tudo que concerne ao dinheiro existente no truste. Se for solteira, você pode ser a única curadora. Se for casada, você e seu marido/companheiro podem ser curadores conjuntos.

Sucessor do Curador é a pessoa que assume a administração/controle do truste quando o curador morre ou fica incapacitado de tomar decisões (falaremos deste tema crucial, a "incapacidade", logo à frente).

Beneficiário é a pessoa que usufruirá os bens constantes do truste. O costumeiro é ser você a beneficiária até morrer.

Beneficiário do remanescente é a pessoa que "herda" os bens constantes do truste por ocasião da morte do fiduciante (em outras palavras, o que restar no truste irá para essa pessoa). No seu truste você pode ter vários beneficiários do remanescente, podendo deixar bens específicos para pessoas específicas.

Um truste revogável *vs.* um testamento

Continue prestando atenção. Acabei de apresentar um monte de termos novos, mas um exemplo será capaz de lhe mostrar como o truste facilita as coisas. Digamos que a minha mãe queira me deixar de herança a própria casa, avaliada em R$200 mil. Ela tem duas escolhas: deixá-la para mim num testamento ou através de um truste inter vivos revogável. Examinemos cada uma das duas situações:

Se a minha mãe possuísse apenas um testamento dispondo que eu herde a casa: Praticamente em todos os casos, depois que alguém morre, seu testamento passa por um procedimento judicial conhecido como inventário, que pode chegar a custar 2% do patrimônio em despesas judiciais só para abrir o processo. As despesas, porém, não param por aí, como você verá a seguir.

O processo de inventário primeiro ratifica a validade do testamento, ou seja, o juiz autentica o testamento e se assegura de que, no caso do exemplo, minha mãe quis me legar a casa dela. Em seguida, o juiz ajuda a concretizar os desejos da minha mãe conforme expressos no testamento — neste caso, assegurando-se de que a escritura da casa seja transferida para o meu nome. E como a escritura está apenas no nome dela e ela já não está mais viva para assinar tal transferência, o juiz assina uma ordem judicial com essa finalidade. Embora aparentemente simples, esse processo pode levar meses, se não anos, e custar um bocado caro.

Você também terá que pagar ao advogado que se encarregar do processo. Os honorários advocatícios para acompanhar um inventário correspondem a uma percentagem sobre o espólio. A questão é que seus herdeiros acabarão tendo que pagar um advogado para acompanhar o inventário, a maioria antes mesmo de receber sua parte na herança. Não é raro um herdeiro ter que pagar milhares de reais para receber a herança legada em testamento. E o que acontece se ele não dispuser de dinheiro para pagar esses honorários? O advogado que atuou no caso pode pedir a penhora do imóvel na tentativa de obrigá-lo a levantar o dinheiro para quitar a conta.

Está vendo por que eu digo que quanto menos dinheiro você tiver mais vai precisar de um truste inter vivos revogável?

Se minha mãe instituir um truste inter vivos revogável e deixar sua casa para mim quando morrer: na condição de instituidora do truste, minha mãe é a fiduciante. Ela nomeia a si mesma como curadora — ou seja, permanece no controle total de tudo que consta do truste. Põe a própria casa no truste, de modo que a "proprietária" da casa deixa de ser Ann Orman, passando a ser Ann Orman na condição de curadora do truste inter vivos Ann Orman. Lembre-se, porém: ela é a curadora do truste, logo tem controle absoluto de todos os bens constantes do truste. Pode vender a casa, refinanciá-la, reformá-la, fazer tudo, enfim, que quiser, pois conserva o mesmo controle de antes. E continua a pagar os mesmos impostos sobre a propriedade. Não é preciso um formulário especial para declarar os bens do truste, basta a declaração de imposto de renda que você já costuma preencher, seguindo orientações do advogado que ajudou a constituir o truste. A casa permanece com o truste, para o bem dela enquanto for viva, o que a torna a principal beneficiária. Eu, Suze, sou a beneficiária do remanescente. Pelo fato de suas disposições terem sido expressas em um truste e não em um testamento, quando minha mãe morrer não haverá nem inventário, nem juiz, nem demora. O imóvel passará direto para mim com um mínimo de trabalho e despesas. Juntamente com a certidão de óbito, terei que assinar uma declaração atestando a morte do curador do truste (mamãe) e assinar uma escritura transferindo a propriedade de Ann Orman na condição de curadora do truste inter vivos Ann Orman para a curadora sucessora: eu. O processo todo não demora mais que umas poucas semanas.

ABASTECENDO O TRUSTE

Uma vez instituído um truste, é preciso tomar providências para transferir o título (de propriedade) de todos os bens que ficarão no truste, transferindo-o do fiduciante (ou, caso seja um truste conjunto, de ambos os fiduciantes) para o truste. Este processo se chama **abastecer o fundo**. Se você não abastecer seu fundo, haverá apenas palavras num papel — o que chamamos de truste vazio. Um truste vazio é totalmente inútil. Por isso, você precisa alterar, ou contratar um advogado para fazê-lo, a titularidade de todas as contas bancárias, contas de ações, imóveis e todos os bens de monta, transferindo-a para o truste. Isso parece trabalhoso? Bem, não é divertido, mas lembre-se: a ideia é evitar grandes dores de cabeça no futuro. Uma vez transferida a titularidade dos bens para o truste, você terá a certeza de que o patrimônio será administrado e despendido precisamente conforme você determinou no documento.

O que vai para o truste

- ▲ imóveis;
- ▲ investimentos que não visem a aposentadoria;
- ▲ poupança (contas em banco e em cooperativas de crédito);
- ▲ empréstimos que você concedeu e ainda não foram quitados.

O que NÃO vai para o truste

▲ planos de previdência privada;
▲ automóveis.

POR QUE O SEU TRUSTE PRECISA CONTER UMA CLÁUSULA DE INCAPACIDADE

Se instituído corretamente, um truste é a solução para garantir que os seus bens e negócios financeiros sejam administrados de forma adequada tanto por ocasião da sua morte quanto no caso de você se vir incapacitada de cuidar dos seus negócios ainda em vida. Na minha opinião, uma cláusula de incapacidade é essencial em um truste. Essa parte do seu truste outorgará ao curador sucessor — a pessoa que você nomear como tal — autoridade legal para administrar seus negócios caso você fique incapacitada. Um bom truste também contém a nomeação de um curador de reserva para o caso de o curador sucessor não ser capaz de cumprir as funções de curador. Digamos, por exemplo, que você e seu marido tenham um truste e nomeiem um ao outro curador sucessor. Tudo bem, mas para nos mantermos fiel ao lema "espere o melhor, mas se prepare para o pior", temos que considerar a possibilidade de vocês dois se ferirem gravemente em um acidente. Nesse caso o curador sucessor de vocês assumiria.

UM TRUSTE COM CLÁUSULA DE INCAPACIDADE *vs.* PROCURAÇÃO DURÁVEL

Tenho certeza de que muitas de vocês já ouviram dizer que se tiverem uma procuração durável para a administração das suas finanças, um truste é dispensável. É totalmente verídico que uma outra forma de encarregar um terceiro para administrar suas finanças é redigir o que se conhece como procuração durável para administrar finanças, anexando à mesma uma cláusula de incapacidade. Assim como um testamento, uma procuração durável parece sedutora porque custa uns poucos reais encomendá-la a um advogado, enquanto que manter um truste pode custar entre R$15 mil e R$20 mil anuais ou mais[6]. O que você acha que está economizando, porém, pode acabar custando muito mais. Mesmo quando a procuração durável contém uma cláusula de incapacidade, muitas instituições financeiras (como bancos, corretoras e sociedades de fundo mútuo) não gostam nadinha desses documentos. Muitas vezes a instituição só se dispõe a honrar uma procuração durável se ela própria a elaborar. Não me parece que você queira se dar ao trabalho de outorgar várias procurações duráveis, uma para cada instituição financeira com que opera. Uma opção muito melhor é um truste inter vivos revogável com cláusula de incapacidade.

Agora que você já sabe que um testamento sozinho, assim como uma procuração durável, não vai resolver a questão, talvez esteja imaginando por que tantos advogados lhe disseram que um testamento e uma procuração durável bastavam. Vou ser franca: *na minha opinião, qualquer advogado que diga que basta você ter um testamento e uma procuração durável não está defendendo seus interesses.* Será que lhe interessa passar pelo processo de inventário? Será que lhe interessa ter, possivelmente, a sua procuração durável rejeitada?

Entenda a motivação econômica: um advogado ao recomendar um testamento e uma procuração durável lhe diz que este é um ótimo negócio — ele cobrará de você umas poucas centenas de reais para elaborar estes documentos. Então você

---

[6] Por ser uma prática comum nos EUA, a constituição de um truste implica custos bem menos significativos naquele país. No Brasil, esta alternativa ainda se mostra viável apenas para famílias com patrimônio superior a R$1 milhão.

pensa: "Que amor de pessoa, ele está me fazendo economizar uma montanha de dinheiro." Mas o que o advogado não esclarece é que os seus herdeiros provavelmente gastarão milhares de reais para contratar um advogado — o *seu*, ele espera! — para acompanhar o andamento do inventário. O que o seu advogado também se esqueceu de dizer é que se você tiver uma procuração durável, talvez seja preciso gastar milhares de reais em honorários para obrigar a instituição financeira a aceitá-la. Se você tiver um truste inter vivos com cláusula de incapacidade, não haverá processo de inventário por ocasião da sua morte. Nada de inventário, nada de honorários e nada de problemas para fazer uma instituição financeira reconhecer o seu curador sucessor caso você fique incapacitada.

Mas você *ainda* precisa de um testamento

Embora o truste possa solucionar o problema dos seus bens de monta, bem como uma possível incapacidade sua, sem dúvida existem muitos bens de menor monta que não estão em nome de ninguém — a porcelana da sua avó, uma caneta de estimação, um par de brincos que você adora. Um testamento é o lugar onde determinar quem herda essas coisas. O seu testamento também pode dispor sobre quaisquer bens que você não tenha chegado a transferir para o truste. Esses bens desaguarão no testamento e serão administrados e despendidos precisamente como você determinou no truste. É por isso que quando se tem um truste inter vivos revogável, o testamento se transforma num testamento "direcionador" ou reserva.

Não só um truste é o melhor veículo para expressar seus desejos caso você se torne incapaz, como também é especialmente importante para quem tem filhos dependentes. Mães solteiras necessitam de um truste para que o tutor nomeado disponha dos recursos necessários para cuidar imediatamente das crianças. Ao mesmo tempo, um truste é crucial para o desembolso rápido do pagamento de uma indenização do seguro para sustentar seus filhos se algo lhe acontecer. Abordaremos em detalhes esse assunto mais adiante.

Concentre-se no seu objetivo: amor e proteção

Quer você tenha um advogado, quer utilize um programa de computador para elaborar um testamento e um truste inter vivos revogável, o processo de redação desses documentos críticos abala o emocional: somos levadas a pensar na nossa mortalidade e, quando existem filhos menores, nos sentimos obrigadas a decidir quem tomará conta deles se, Deus nos livre, não pudermos. Sei que isso é duríssimo, mas providenciar o bem-estar e a segurança dos filhos é a sua missão central como mãe. Podemos achar que se algo nos acontecer, nossos filhos poderão contar com o pai, mas essa proteção não basta. Preciso que você reúna forças para pensar no impensável: e se eles perderem pai e mãe? Seu testamento e seu truste têm que estipular quem você deseja que crie os seus filhos menores e como pretende prover o sustento deles na trágica eventualidade de tanto você quanto seu cônjuge/companheiro morrerem.

Escolher o tutor certo obviamente exige um bocado de reflexão e a disposição de ter conversas potencialmente difíceis. O que fazer se o seu desejo é nomear tutor o seu irmão, enquanto seu marido quer entregar as crianças à irmã dele? Não existem fórmulas simples para adotar, bem como um padrão de conselho que eu possa lhe dar. É preciso conversar um bocado, pensar com o coração, e essas conversas serão bem mais fáceis se você permanecer focada num único propósito: o que é melhor para os seus filhos. Abstraia e se faça uma pergunta: se nós dois morrermos, que ambiente seria o melhor para os nossos filhos? Quem está mais bem preparado para lhes dar o apoio emocional de que irão precisar? (Como veremos no quinto mês, o seu seguro de vida resolverá o problema das necessidades financeiras dos seus filhos, logo não é necessário escolher um tutor com base na situação financeira dele; este é um fator extremamente facilitador que nos permite pensar apenas em termos de amor e orientação emocional, em lugar de recursos.) Quando você e seu marido tomarem uma decisão, vão precisar ter uma conversa franca e aberta com a(s) pessoa(s) escolhida(s) para ver se existe de fato vontade e capacidade para assumir tamanha responsabilidade. Há uma grande diferença entre agir por dever e agir por desejo.

Resolvida a questão do tutor, acho que a melhor maneira de refletir sobre o que você deseja incluir em seu testamento e em seu truste é fazer uma lista de todas as pessoas mais próximas e anotar aquilo que desejaria que elas soubessem, fizessem e tivessem caso você morresse hoje. Sua intenção é lhes deixar dinheiro ou uma joia de estimação? Esse processo vai ajudá-la a organizar tanto as suas ideias quanto os seus bens.

É preciso também decidir quem nomear testamenteiro e curador do espólio. Esta é a pessoa que ficará encarregada de garantir que todos os desejos expressos no testamento e no truste sejam cumpridos após a sua morte. Trata-se de mais uma decisão importante; seu testamenteiro ou curador tem que ser alguém que você ame e em quem confie, alguém de cuja capacidade para desempenhar essa função você esteja convencida.

Também recomendo enfaticamente que você avise à sua família quem será o seu testamenteiro de modo a contornar eventuais ressentimentos. Embora o testamenteiro não tome decisão alguma — ele meramente executa as decisões tomadas por você —, é ele quem controla o processo. Às vezes isso cria uma certa tensão, principalmente quando um filho ou irmão é escolhido em detrimento dos demais. Você deve àqueles que não escolheu uma explicação sobre a sua escolha. Não a justifique, apenas explique.

O que você precisa saber sobre o título de propriedade dos seus bens

Preste atenção: se você possui apenas um testamento, a maneira como você detém a propriedade dos bens superará os desejos expressos no testamento. Entendeu? Vou lhe dar um exemplo ilustrativo: digamos que você estipule no testamento que a sua filha do primeiro casamento herdará a sua casa. No entanto, se na ocasião da sua morte o nome do seu ex--marido ainda constar da escritura como um coproprietário com direito à sucessão, surgirão problemas. Quando você morrer, a casa poderá passar para ele, *mesmo se o seu testamento dispuser em contrário*. A sua filha pode protestar o quanto quiser, mas haverá uma grande batalha judicial. Se o seu ex-marido quiser ficar com a casa, ele terá todo o direito de fazê-lo. Por quê? Tem a ver com quem detém o título de propriedade... Explicarei a seguir as várias possibilidades.

Copropriedade com direito de sucessão

Esta é uma das armadilhas mais comuns em termos de título de propriedade em que vemos as mulheres caírem: a propriedade de um bem em condomínio na condição de coproprietário com direito de sucessão. Ela é muito popular e pode gerar enormes problemas. Vou repetir mais uma vez: se você instituir um truste, abastecendo-o de forma apropriada (transferindo a propriedade para o truste), este problema é totalmente evitável. Mas sei por experiência que muitas mulheres se fazem de surdas quando o tema do truste se apresenta e teimam que têm tudo perfeitamente em ordem sem um truste. Ouça o que vou dizer: uma propriedade em condomínio com direito de sucessão não é uma boa solução. Você precisa de um truste, ponto final.

Qualquer um pode ser coproprietário com direito de sucessão de um bem — cônjuges, companheiros, mães e filhos. É uma forma bastante popular de título de propriedade de um imóvel. Nesse caso, você é coproprietária do bem. Quando um dos proprietários morre, o sobrevivente herda de imediato o quinhão do imóvel que pertencia ao outro. Sem inventário, sem honorários, sem nada. É o que torna atraente essa forma de titularidade. Mas como diz a minha própria advogada de espólios, Janet Dobrovolny, trata-se de uma espécie de jogo onde o sobrevivente leva tudo. O primeiro a morrer passa ao sobrevivente a propriedade integral do bem. Sei que isso pode parecer ótimo se você e seu cônjuge pretendem deixar o imóvel um para o outro, mas é preciso cautela aqui.

Segundos casamentos e a armadilha da propriedade em condomínio com direito de sucessão

Digamos que você esteja em seu segundo casamento. Tanto você quanto o seu marido têm filhos dos casamentos anteriores. No divórcio, você obteve a posse sem reservas da sua casa e pretende legá-la aos filhos quando morrer. Seu segundo marido foi morar com você nela, e você resolve incluí-lo como coproprietário da casa, já que ele assumiu parte do financiamento. Assim, seu advogado altera a escritura do imóvel, que em vez de ficar exclusivamente em seu nome se torna um condomínio com direito de sucessão, numa copropriedade com seu segundo marido.

Se você vier a morrer antes dele, provavelmente terá deserdado seus filhos. Lembre-se: numa copropriedade com direito de sucessão é o "sobrevivente quem leva tudo" — se você morrer primeiro, seu quinhão da casa passa para o seu segundo marido, ainda que você tenha um testamento dispondo que seus filhos herdarão a casa. O título de propriedade do bem — neste caso a sua casa — se impõe sobre o seu testamento. Seu segundo marido passa a deter 100% da propriedade e não tem obrigação alguma de deixá-la para seus filhos.

PROPRIEDADE EM CONDOMÍNIO COM OS FILHOS

Por acaso você leu em alguma revista de finanças que a melhor maneira de evitar a armadilha do inventário é incluir seus filhos na escritura da sua casa como coproprietários com direito de sucessão? Vou lhe mostrar um cenário horrível a fim de fazer você desistir dessa opção. Digamos que você tenha incluído a sua filha na escritura da sua casa e ela se envolva em um acidente de carro pelo qual a culpa lhe seja imputada. As vítimas a processam por perdas e danos. O seguro de automóvel que ela tem não cobre integralmente a indenização aos terceiros. Neste caso, o tribunal pode exigir que qualquer outro bem que ela possua responda pelo pagamento da indenização. Sabe o que acontece? A casa — *sua* casa — é agora um dos bens dela, o que pode acabar gerando a obrigação de vendê-la para saldar a dívida da sua filha com a Justiça.

Está vendo por que um truste é uma opção muito melhor?

UMA OBSERVAÇÃO PARA AQUELAS QUE CASARAM NOVAMENTE

Estou ciente de que uma preocupação relevante é a de garantir que com a morte de um dos cônjuges o outro possa ficar na casa até ela ser herdada pelos filhos de um casamento anterior de um dos dois. Para isso, é preciso que o truste seja o proprietário do imóvel, mas também que você institua um direito vitalício sobre a casa. Estabelece-se esse direito vitalício em um documento legal que declara que o cônjuge sobrevivente pode morar na casa até morrer ou resolver se mudar. Nessa ocasião, a propriedade da casa passará para quem estiver nomeado no truste como beneficiário do remanescente. Neste cenário, esses beneficiários seriam os filhos do seu casamento anterior. Com isso, você cumpre seus dois objetivos: o cônjuge sobrevivente jamais correrá o risco de perder a casa e seus filhos continuarão a ser herdeiros dela, precisando apenas aguardar um pouco mais. Recomendo a contratação de um advogado para formalizar o direito vitalício; por apenas algumas centenas de reais, um advogado pode redigir o documento e registrá-lo no órgão competente do governo.

As diretrizes antecipadas para tratamento médico e a procuração durável para cumpri-las

Para a maioria de nós é inimaginável a possibilidade de vir, um dia, a perder a capacidade de falar por nós mesmos, mas se algo positivo pode ser extraído do caso de Terry Schiavo, que frequentou por tanto tempo as páginas dos jornais, é que ele ilustrou essa situação inimaginável de uma forma vívida, aterrorizante e trágica. Aos 26 anos, Terry Schiavo sofreu uma parada cardíaca que a deixou em estado vegetativo. O marido achava que Terry não desejaria permanecer viva por meio de aparelhos; os pais pensavam de outra forma. O marido e os pais travaram uma longa e devastadora batalha judicial que polarizou a atenção do país, dos legisladores e da família da pobre moça.

Este é um dos temas mais desagradáveis que vou lhe pedir para encarar, mas a minha esperança é convencê-la a adotar uma atitude corajosa, redigindo um único documento que expresse seus desejos e lhe dê a segurança de saber que protegeu a si mesma, sem titubear, numa das situações mais escabrosas que a vida pode apresentar.

Na primeira parte desse documento, as diretrizes antecipadas, você deve declarar claramente o grau de intervenção médica a que deseja se submeter caso esteja doente demais para se manifestar. Um leque de situações será abordado, entre elas o consentimento ou não para receber tratamento e de que tipo (alívio da dor, por exemplo); a escolha dos prestadores de cuidados médicos e das instituições de saúde; a aprovação de procedimentos médicos, bem como instruções quanto à fase terminal da vida (suspensão da alimentação, por exemplo, e o emprego ou não de técnicas de ressuscitação) e à doação de órgãos. Basicamente, você estará fornecendo instruções antecipadas aos médicos e suas equipes enquanto ainda goza de saúde física e mental para tomar decisões. O documento que trata das diretrizes antecipadas também é conhecido como testamento **inter vivos**.

A dura verdade é que um documento desses não garante que os médicos cumpram automaticamente a sua vontade. Em pesquisa divulgada numa publicação médica, 65% dos médicos declararam não obedecer obrigatoriamente a um documento contendo diretrizes antecipadas quando este contradiz o que eles consideram uma abordagem preferível. Para qualquer pessoa — você, seus entes queridos, seus médicos — esta é uma seara extremamente delicada. Em tais situações, sua procuração durável para tratamento médico passa a ser a sua voz.

Numa procuração durável para tratamento médico, você nomeia alguém em quem confia para se tornar seu representante caso a doença a impeça de comunicar seus desejos. Essa pessoa vai, literalmente, falar por você, defendendo, em quaisquer discussões e debates com os médicos e a família, os desejos que você expressou nas diretrizes antecipadas. Qualquer um pode ser nomeado seu representante — o cônjuge, um amigo, um filho maior de idade. Só lhe peço que reflita bastante antes de fazer a escolha. Seu representante deve ser não só uma pessoa em quem você confie, mas também alguém capaz de defender fielmente os seus desejos, mesmo diante de objeções da sua família e de conselhos em contrário dos médicos. Essa pessoa tem que querer exercer tal função. Muitos já me pediram para representá-los e, embora fossem pessoas da minha intimidade, recusei, pois sei que não poderia tomar as decisões difíceis que talvez me visse obrigada, um dia, a tomar.

Depois de escolher seu representante e obter sua concordância, insisto para que você discuta o assunto com toda a sua família. Informe-a de que você fez um documento contendo diretrizes antecipadas, bem como lhes diga quem nomeou como representante. Isso ajudará a aliviar a mágoa e a raiva que muitas vezes brotam quando as famílias se unem numa tragédia e só então descobrem a existência de um documento com diretrizes antecipadas e de um representante para executá-las. Discutir o assunto de antemão também ajudará sua família e seus amigos a se mostrarem unidos diante de seus médicos.

A QUEM RECORRER PARA ELABORAR ESSES DOCUMENTOS
Um advogado especializado em planejamento de espólio poderá ajudá-la a elaborar os três documentos essenciais aqui abordados — um truste inter vivos revogável com cláusula de incapacidade; um testamento reserva; e uma lista de diretrizes antecipadas com uma procuração durável para tratamento médico. O mesmo profissional também poderá se encarregar de abastecer seu truste. O melhor meio para encontrar um bom advogado é pedir uma recomendação a amigos e colegas de trabalho. Ou, se você já utilizou no passado os serviços de um advogado para outras questões — digamos, um advogado especializado em imóveis para assisti-la na compra da sua casa —, pedir a ele ou ela para lhe recomendar alguém. Pergunte ao advogado que escolher há quanto tempo ele trabalha com testamentos e trustes. Se a resposta for dez anos ou menos, procure outro. Também não se esqueça de consultar a Ordem dos Advogados do Brasil para descobrir se o advogado cujos serviços estiver cogitando contratar possui algum registro de indisciplina. Se assim for, procure outro. Recomendo que você converse ao menos com três advogados antes de se decidir por algum. Abaixo o que você precisa que ele lhe diga:

▲ Que é especializado em testamentos e trustes;

▲ Que deseja saber os detalhes da sua vida financeira. Qualquer bom advogado elaborará documentos personalizados que abordem precisamente a sua situação financeira;

▲ Que vai lhe cobrar uma quantia fixa e não honorários por hora;

▲ Que o preço inclui a elaboração dos três documentos necessários;

▲ Que o preço inclui o abastecimento do seu truste;

▲ Que o preço inclui a revisão da íntegra dos documentos — palavra por palavra — com você. Lembre-se: para ter poder é preciso saber exatamente o que você possui.

Vou lhe dar uma ideia do custo disso tudo: se você procurasse a minha advogada de espólio, Janet Dobrovolny, na Califórnia, fosse casada, tivesse dois filhos, um imóvel e o valor total do seu espólio se situasse abaixo de um milhão de dólares, ela lhe cobraria cerca de US$2.500 para fazer tudo que acabei de listar.

Sei que é um bocado de dinheiro, mas é dinheiro bem-gasto.

ATUALIZE SEUS DOCUMENTOS ESSENCIAIS ANUALMENTE! Quer você elabore esses documentos essenciais sozinha, quer o faça com a assistência de um advogado, peço-lhe que não os esqueça e os atualize uma vez por ano. É preciso tratá-los com muito carinho; eles só poderão protegê-la se você os mantiver atualizados.

Lembre-se: toda vez que adquirir um bem, será preciso transferir a propriedade dele para o truste. Você deve estar atenta a isso toda vez que efetuar uma aquisição vultosa ou abrir uma conta de poupança ou de investimento. Existe uma exceção: não é uma boa ideia pôr um automóvel em um truste. E digo por quê: no caso de você causar um acidente, o fato de a propriedade de um carro ser de um truste pode levar a outra parte a imaginar que você seja rica, aumentando assim o desejo do outro de processá-la por perdas e danos além da quantia coberta pelo seguro. E por falar em seguros, o fato de o proprietário do carro ser um truste dificulta a aquisição de um seguro (as pessoas são seguráveis, os trustes não).

ASSEGURE-SE DE QUE OS SEUS BENEFICIÁRIOS ESTEJAM ATUALIZADOS

Cada um dos seus bens de monta deve ter um beneficiário, ou seja, a pessoa ou pessoas a quem você deseja passar o controle do bem quando morrer. Ao transferir a propriedade de um novo bem para o truste, você também terá que designar um beneficiário para este bem. Diante de acontecimentos de vulto — casamento, divórcio, nascimentos e mortes — nem sempre nos lembramos de atualizar as informações sobre beneficiários e por isso lhe peço para revisar os seguintes documentos que contém tais informações:

▲ apólices de seguro de vida;
▲ contas regulares de investimento;
▲ contas de poupança/bancárias;
▲ plano de previdência privada (PGBL e VGBL).

Assegure-se de não estar criando problemas de sucessão por designar o beneficiário errado. Se você tiver um beneficiário incorreto ou desatualizado, entre em contato com a instituição que supervisiona essa conta — a companhia de seguro, o banco que administra seus fundos etc. — e solicite o formulário para alterar o nome do beneficiário.

Uma vez concluídas as etapas abaixo e elaborados os três documentos essenciais, você estará efetivamente no caminho certo para ter o poder de controlar o seu destino.

Plano de ação para o quarto mês

✓ Instituir um truste inter vivos revogável;

✓ Transferir todos os bens para o truste e nomear a si mesma curadora, de modo a deter o controle sobre o truste;

✓ Elaborar um testamento com cláusula "direcionadora";

✓ Escolher um tutor para os seus filhos que esteja realmente preparado e apto para assumir tal responsabilidade;

✓ Escolher um executor testamentário para os seus bens, alguém que esteja apto a regularizar seus assuntos financeiros quando você vier a falecer;

✓ Elaborar uma lista de diretrizes antecipadas que detalhe o tratamento de saúde que você deseja ter;

✓ Elaborar uma procuração durável para tratamento médico que permita que o representante nomeado por você fale em seu nome com os médicos e a sua família caso você esteja doente demais para se manifestar;

✓ Nomear beneficiários para todos os bens constantes do seu testamento e do seu truste;

✓ Atualizar seu testamento, seu truste e seus beneficiários uma vez por ano.

Quinto mês:
protegendo a sua família e o seu lar

Eu adoraria se você...

... escolhesse o tipo de seguro de vida adequado às suas necessidades;

... tivesse um seguro residencial que realmente a protegesse caso sua residência fosse danificada ou destruída;

... soubesse o que não está coberto por uma apólice normal (catástrofes naturais, por exemplo) e o que fazer a respeito;

... possuísse um seguro coletivo de responsabilidade civil com uma cobertura de, no mínimo, um milhão de reais;

... adquirisse um seguro de locação se for inquilina;

... adquirisse um seguro coletivo se for proprietária de uma unidade de um condomínio.

Os primeiros três meses do plano falaram sobre como assumir a responsabilidade pelos aspectos totalmente controláveis da sua vida financeira: poupar, melhorar seu crédito, investir, planejar o futuro. O quarto mês abordou como confrontar alguns dos piores imprevistos da vida e garantir que a sua voz e os seus desejos sejam claramente ouvidos nessas situações. Este mês você vai se preparar para os "atos da natureza" que escapam totalmente ao seu controle, tomando providências que têm o poder de proteger você, o seu lar e a sua família caso eles ocorram.

Você diz que faria qualquer coisa para proteger sua família e seu lar, porém muitas mulheres lutam contra a mera ideia de ter um seguro de vida. Ele se enquadra no mesmo patamar dos trustes e testamentos inter vivos — não posso dourar a pílula e tentar convencê-la de que é divertido lidar com a própria mortalidade. Assim, nem vou perder meu tempo tentando lhe vender essa ideia. Seguro de vida é algo tão importante que serei bastante objetiva: se alguém depende da sua renda — filhos, pais, irmãos, qualquer um —, é sua obrigação protegê-lo com um seguro de vida. Não fazê-lo equivale a ser, ao mesmo tempo, relapsa e egoísta. Não me interessa o quanto você se sinta desconfortável ao lidar com a ideia de morrer. Pense apenas como será desconfortável para os seus dependentes se algo acontecer com você ou seu cônjuge amanhã e eles não tiverem um seguro de vida com o qual contar. Não venha me dizer que você faria qualquer coisa para proteger a sua família para depois falhar com ela neste ponto mais crucial.

Vou lhe mostrar precisamente de que tipo de seguro de vida você precisa e como calcular o valor da cobertura que protegerá os seus dependentes. Não se preocupe em lidar com corretores insistentes. Todas as informações de que você precisa para se sentir confiante na hora de fazer um seguro de vida estão aqui. E uma ótima notícia: um seguro de vida é incrivelmente barato. Você vai se espantar ao descobrir como custa pouco comprar a própria paz de espírito.

O seguro residencial é o outro grande tema deste mês. Se você é proprietária, sem dúvida tem um seguro residencial. Sei por experiência, porém, que o seu seguro provavelmente não lhe dará cobertura suficiente para enfrentar um prejuízo vultoso. Ao longo dos últimos anos, as companhias de seguro criaram uma série de novas regras e disposições que podem limitar a sua cobertura. A menos que leia as letrinhas super miúdas, você talvez não descubra as mudanças. Ao mesmo tempo, muita gente que pensa estar protegida caso sofra prejuízos causados por uma catástrofe natural, como o furacão Katrina, descobre depois do vendaval que o seguro que têm não lhes dá a cobertura que "supunham". Trocando em miúdos: ter, simplesmente, um seguro residencial não basta. Você precisa se assegurar de que a faixa específica de cobertura mencionada em sua apólice lhe dará efetivamente direito à cobertura de que você precisa. Supor não lhe dá um pingo de proteção. Saber, sim.

Seguro de vida
Quem precisa
Se existe alguém na sua vida (ou na do seu companheiro/cônjuge) que conte com a sua renda, você precisa de seguro de vida. Obviamente, aí estão incluídos os filhos menores, bem como os pais, caso você os ajude a pagar as contas ou pague algum tipo de tratamento hospitalar para eles. Poderíamos até mesmo incluir nesta lista um irmão ou irmã, bem como algum amigo, a quem você preste ajuda financeira. Faça a si mesma a seguinte pergunta: "Se eu (ou meu companheiro) morresse hoje, aqueles que nós sustentamos conseguiriam sobreviver por conta própria?" Se a resposta for não, é sinal de que você precisa de um seguro de vida.

Será que repetir essa pergunta, ainda que para você mesma, a deixa nervosa? Sei que é difícil confrontar essa verdade — a de que qualquer um de nós pode deixar este mundo a qualquer momento. Mais uma vez, peço que você gaste algum tempo lidando com questões controláveis a fim de se prevenir para quando circunstâncias incontroláveis tumultuarem a sua vida. Temos o poder de garantir que se a morte nos levar prematuramente as pessoas que dependem de nós não precisarão passar por dificuldades financeiras.

Observação especial para as donas de casa
Um dos erros mais perigosos que as famílias cometem é adquirir um seguro apenas para o provedor. Com efeito, é igualmente

importante segurar também a dona de casa. Reflita de maneira lógica: se você morrer, seu companheiro ou marido provavelmente irá precisar de alguém para tomar conta dos filhos. De onde sairá o dinheiro para isso? Ainda que seus filhos sejam adolescentes, talvez seja necessário um professor particular para acompanhá-los nos deveres da escola, ou um motorista para levá-los e trazê-los das práticas esportivas, das aulas de música etc. Lembre-se: não se pode esperar que o seu companheiro ou marido trabalhe em tempo integral e satisfaça durante 100% do tempo as necessidades dos filhos. Se alguma coisa acontecer a você, o dinheiro do seguro de vida permitirá que o seu companheiro ou cônjuge contrate pessoas para ajudá-lo a cuidar dos filhos sem se preocupar em gastar "um dinheiro a mais".

Informações básicas sobre os seguros de vida

DURANTE QUANTO TEMPO VOCÊ PRECISA DE COBERTURA

Um corretor de seguros tentará vender a ideia de que você precisa comprar um seguro caríssimo que lhe dê cobertura ao longo da vida toda. A verdade é que bem poucas de vocês precisarão de um seguro "para sempre" — o que a indústria chama de seguro permanente. Eles são desnecessários e excessivamente caros.

A ideia do seguro de vida é prover proteção financeira àqueles que dependem de você em um momento da vida em que você ainda não adquiriu outros bens. Depois de acumular bens com os quais os seus dependentes possam contar — por exemplo, um fundo de previdência polpudo ou outros investimentos significativos —, você não mais precisará de seguro de vida.

Além disso, quem depende de você hoje pode não depender mais daqui a dez ou vinte anos. Uma criança de cinco anos hoje é totalmente dependente de você, mas daqui a vinte anos, espero — e você, provavelmente, também! — que o seu filho de 25 anos já não precise depender de você para viver (por outro lado, se você tem dependentes com necessidades especiais e está convencida de que eles terão que contar para sempre com você para sustentá-los, talvez seja realmente o caso de pensar em um tipo "permanente" de seguro de vida. Você também pode conversar com um advogado especializado em planejamento de espólio sobre a criação de um truste para necessidades especiais).

Assim, se a finalidade principal de um seguro de vida é proteger filhos menores que esperamos que se transformem em adultos independentes, você provavelmente não necessita de um seguro por um período maior do que vinte ou 25 anos. O mesmo acontece com o seguro de vida para o cônjuge ou companheiro; tudo indica que você só precisará lhe prover proteção até que o número de bens que ambos acumularem seja suficiente para sustentar o cônjuge sobrevivente caso um dos dois morra prematuramente.

DE QUANTO SEGURO DE VIDA VOCÊ PRECISA

O valor de um seguro de vida é outro ponto a calcular. Primeiro, porém, você vai precisar conhecer algumas definições:

> **Indenização por morte:** a quantia que os beneficiários recebem por ocasião da morte do segurado. Por exemplo, uma apólice de R$ 500 mil paga uma indenização por morte de R$ 500 mil. Quando o segurado morre enquanto a apólice está válida (ou "em vigor"), os beneficiários recebem uma indenização de R$ 500 mil. Esta indenização costuma ser isenta de impostos.
>
> **Principal:** a quantia efetivamente paga como indenização por morte.
>
> **Rendimentos:** os juros que podem ser recebidos mediante o investimento do principal (a indenização por morte).

Então, qual o valor da indenização por morte de que você precisa? Recomendo que ele seja o suficiente para que os seus beneficiários vivam dos *rendimentos* apenas, sem precisar usar o principal.

Digamos que a sua indenização por morte seja de R$500 mil. Os seus beneficiários terão essa quantia para investir. Se investirem em um título público seguro e que renda 5% de juros anuais após o pagamento de impostos, receberão anualmente rendimentos de R$25 mil (R$500.000 × 5%). Se R$25 mil forem suficientes para cobrir suas despesas de sustento, eles podem "viver dos juros" sem tocar no principal. Isso significa que no ano seguinte, se o capital render novamente 5% de juros, eles receberão outros R$25 mil para fazer face a essas despesas.

Digamos, porém, que eles precisem de R$50 mil por ano para o próprio sustento. Se receberem apenas R$25 mil de juros, será necessário lançar mão do principal, sacando outros R$25 mil. Assim, no ano seguinte, o principal terá sido reduzido a R$475 mil (R$500.000 – R$25.000). Os mesmos 5% de juros sobre essa quantia gerarão rendimentos de apenas R$23.750. Com a redução do principal o valor dos rendimentos também diminui. Se eles precisam de R$50 mil anuais para se sustentar, terão, então, que sacar R$26.250 do principal para acrescentar aos R$23.750 dos rendimentos. Essa operação reduzirá ainda mais o principal (R$474.000 – R$26.250 = R$448.750). Você já deve ter entendido o recado: se a indenização por morte não for suficiente, os seus beneficiários terão que lançar mão do principal para fazer face às suas despesas de sustento. Em algum momento, o principal vai acabar.

Por esse motivo, recomendo a compra de um seguro com uma indenização por morte grande o bastante para que os seus beneficiários não sejam forçados a usar o principal.

BUSQUE UMA INDENIZAÇÃO POR MORTE IGUAL A VINTE
VEZES A QUANTIA NECESSÁRIA AO SUSTENTO ANUAL DOS
SEUS BENEFICIÁRIOS

A melhor maneira de lidar com isso é somar as despesas
anuais de sustento dos seus dependentes e adquirir um seguro que equivalha a vinte vezes esse valor. Por exemplo, se os
seus dependentes precisam de R$50 mil por ano para custear
o próprio sustento, adquira um seguro de vida de R$1 mi-
lhão, ou seja, uma apólice com uma indenização por morte
no valor de R$1 milhão. Sei que parece muito dinheiro, mas
como demonstrarei a seguir existe um tipo especial de seguro
de vida que é tão barato que mesmo uma apólice de R$1
milhão sai por um preço acessível.

A maioria dos corretores de seguros lhe dirá que a indenização por morte não precisa ultrapassar cinco ou seis vezes o
total anual das despesas dos seus dependentes. Eles partem do
princípio de que os beneficiários precisarão de ajuda durante alguns anos apenas, que acabarão "superando essa fase".
Faço votos sinceros de que seja esse o caso, mas o seguro de
vida não tem a ver com otimismo, mas com a antecipação
do pior. E se eles se ferirem gravemente no acidente em que
você perder a vida? E se os seus dependentes ficarem de tal
forma desorientados com a sua morte que se vejam incapazes
de lidar com a pressão de investir numa carreira lucrativa?
Talvez você mesma deseje que, se algo lhe acontecer, seu côn-
juge/companheiro sobrevivente tenha flexibilidade financeira
suficiente para decidir largar o emprego.

Por causa de todos esses "se" recomendo a compra de uma
apólice com uma indenização por morte equivalente a vinte vezes
a quantia anual necessária ao sustento dos seus beneficiários.

Como mencionei acima, a ideia é que seus beneficiários
invistam a indenização por morte de forma segura, ou seja,
num investimento em que haja muito pouco risco de uma

queda substancial do valor da quantia investida. No final de 2009, os títulos públicos federais de boa qualidade estavam rendendo cerca de 9,5% de juros ao ano, ou 4,5% após o pagamento de impostos e desconto da inflação. Sei que uma taxa de 4,5% pode não parecer grande coisa, mas o importante é entender que um título público não está sujeito a grandes quedas (ou risco de perder o valor), o que não se pode dizer das ações. O outro lado da moeda é que ele também não oferece a oportunidade de grandes ganhos, mas o fato de não haver risco compensa quando o seu objetivo é prover uma renda estável para os seus dependentes. A ideia é que eles peguem a indenização por morte e invistam de forma conservadora em títulos ou ativos de risco igualmente reduzido, recebendo rendimentos suficientes (os juros) para pagar as próprias contas. Isso é muito melhor do que lhes deixar uma indenização por morte tão pequena que eles se sintam tentados a investi-la de maneira mais agressiva a fim de obter o dinheiro de que precisam. O problema aqui é que não existe garantia de que os investimentos agressivos em ações ou fundos de ações irão gerar ganhos consistentes. O que acontece com a sua família se ela investir o dinheiro em ações e o mercado enfrentar um ou dois anos ruins?

Se, contudo, o seu dinheiro anda curto e você tem outros objetivos financeiros a atender, reduza o cálculo da indenização por morte (a meta que sugeri: vinte vezes os gastos anuais dos seus dependentes), mas que ela nunca seja menor do que o equivalente a dez vezes a quantia necessária para prover anualmente o sustento dos beneficiários.

SEGURO DE VIDA DISPONIBILIZADO PELO EMPREGADOR

Muitos empregadores oferecem seguro de vida como parte dos seus planos de benefícios. Em alguns casos, a cobertura não tem custo algum para você, mas quase sempre essa cobertura gratuita é limitada a uma ou duas vezes o seu salário anual. Qualquer cobertura extra terá que sair do seu bolso.

Não recomendo que você conte apenas com o seguro de vida provido pelo seu empregador. O valor da cobertura gratuita nem de longe se aproxima da minha regra de vinte vezes, e a aquisição de coberturas extras costuma custar mais caro do que se você fosse pagar por uma apólice individual. O aspecto mais importante é que o seu seguro "gratuito" só é válido enquanto você permanecer empregada. Caso se demita — ou seja demitida —, você perderá a cobertura do seguro ou terá que pagar um prêmio alto para continuar segurada por conta própria. E se o seu próximo empregador não oferecer um benefício de seguro de vida? Se você for mais velha e tiver algum problema de saúde, provavelmente será mais difícil e mais oneroso adquirir um seguro individual. Contar com um seguro de vida gratuito válido somente durante a vigência do seu vínculo empregatício acarreta o risco de ter que providenciar um seguro por conta própria mais tarde na vida, o que pode significar pagar bem mais do que se você fizer isso hoje.

A aquisição de um seguro de vida por intermédio do seu empregador pode parecer mais interessante, mas não é necessariamente uma boa solução em termos de custo. Os prêmios (custos anuais) para seguros em grupo costumam ser maiores do que aqueles que uma pessoa saudável paga por um seguro individual. E os prêmios pagos numa apólice em grupo costumam não ser fixos, podendo subir à medida que você envelhece.

Moral da história: a manobra mais segura e inteligente é adquirir o seu seguro de vida individual hoje mesmo. Se lhe interessar o negócio oferecido no trabalho, ao menos compare os custos do plano de grupo ao qual você faz jus e o de uma apólice individual.

OPTE POR UM SEGURO DE VIDA POR PRAZO LIMITADO

Muitos corretores de seguro ganham a vida reduzindo os consumidores à submissão. Eles nos confundem com tantos cálculos e termos desconhecidos que ficamos perdidos. Depois, eles vêm com o *gran finale*: o papo de que a apólice de seguro de vida que têm para você também é uma excelente maneira de fazer uma poupança extra.

Caia nessa e você vai acabar desperdiçando milhares de reais ao longo da vigência da apólice.

SEGURO DE VIDA NÃO É INVESTIMENTO!

Esta é a lição-chave sobre seguro de vida: **Você quer um seguro chamado "seguro de vida por prazo limitado".** Em hipótese alguma aceite um "seguro de vida de valor real", também conhecido por seguro resgatável, por mais fabuloso que ele pareça nas palavras do corretor. Ele lhe dirá que este seguro tem a vantagem adicional de prover não apenas seguro, mas também de funcionar como investimento/poupança. As apólices de valor real atendem por nomes diferentes: seguro de vida integral, seguro de vida universal e seguro de vida variável. Vou me manter fiel à promessa de simplificar as coisas, razão pela qual conterei com toda a força de vontade o meu impulso de listar as muitas razões por que considero este seguro de vida uma péssima escolha se o seu objetivo for simplesmente proteger seus dependentes (só para ser clara: é disso que a grande maioria de nós precisa em um seguro de vida). Por favor, opte por um seguro de vida de prazo limitado e por nenhum outro.

Revisemos:

Seguro de vida por prazo limitado: Sim!

Seguro de vida integral: Não.

Seguro de vida universal: Não.

Seguro de vida variável: Não.

△ Se você já tem algum tipo de apólice de valor real, solicite um estudo com mais de um corretor de seguros para avaliar se vale a pena, do ponto de vista financeiro, livrar-se dela e substituí-la por um seguro de vida por prazo limitado. Atenção, porém: nunca cancele uma apólice de seguro de vida até substituí-la por uma nova.

INFORMAÇÕES BÁSICAS SOBRE O SEGURO DE VIDA POR PRAZO LIMITADO

Muito bem, este é o seguro. Examinemos, agora, alguns componentes importantes de uma apólice de seguro de vida por prazo limitado:

▲ **A vigência da apólice pode ser adaptada às suas necessidades:** o prazo de uma apólice de seguro de vida por prazo limitado é fiel ao seu nome: a apólice vigorará por um período de tempo predeterminado (o prazo), que pode ser de cinco, dez, vinte ou mesmo trinta anos. Se você morrer durante esse prazo, seus beneficiários receberão a indenização por morte, em geral isenta de imposto. Se ainda estiver viva quando o prazo expirar, deixará de ter seguro de vida, ou seja, quando morrer seus beneficiários não serão indenizados. Tudo bem, porque você vai escolher uma apólice com um prazo compatível com as suas necessidades; vai querer que a apólice vigore durante esse tempo, ou seja, enquanto você tiver dependentes e ainda não dispuser de bens suficientes em seu nome.

▲ **Custo baixo:** seguros de vida por prazo limitado têm preços bastante acessíveis, podendo ser 80% mais baratos do que aqueles de valor real que acabei de proibi-la de comprar. Com uma apólice por prazo limitado, o custo do prêmio depende de alguns fatores-chave: idade, condições de saúde e montante da indenização por morte. Quanto mais jovem e saudável você for, mais baixo o prêmio anual.

▲ **Feche com um prêmio fixo:** quero que você adquira um seguro com "termo de garantia de renovação anual". Isso significa que enquanto você continuar a pagar os prêmios em dia, o valor destes não será aumentado de ano para ano, correspondendo a uma quantia fixa. Também é vedado à companhia de seguros cancelar a sua apólice.

Listo, a seguir, alguns exemplos de quanto pode custar um seguro de vida por prazo determinado para uma mulher. São estimativas, apenas, tomando por base uma mulher não fumante que goze de boa saúde[7].

SEGURO DE VIDA POR PRAZO LIMITADO DE VINTE ANOS COM GARANTIA DE RENOVAÇÃO ANUAL: ESTIMATIVA DO VALOR DO PRÊMIO

Idade da segurada	Indenização por morte (em US$ milhões)
35 anos	60 por mês
45 anos	125 por mês
55 anos	333 por mês

---

[7] Exemplos feitos com base em cálculos atuariais válidos para a população dos Estados Unidos.

Se uma indenização por morte de US$500 mil lhe for suficiente, o prêmio mensal sairá, aproximadamente, pela metade dos valores da tabela.

Dicas para a aquisição de um seguro de vida

Se você tem um corretor de seguros de quem gosta ou que lhe foi recomendado por um amigo, tudo bem, mas primeiro se assegure de que ele seja, de fato, um corretor "independente". Isso significa que ele investigará qual é a melhor opção para você dentre as muitas companhias de seguro. Um corretor independente é melhor do que um corretor "cativo", que só vende apólices de uma única seguradora.

No processo de aquisição, você terá que responder um bocado de perguntas relativas à sua idade, condições de saúde, passatempos (por exemplo, mergulho e alpinismo são esportes que podem afetar o preço do prêmio), atividade profissional, histórico médico familiar etc. Um corretor ajudará você a preencher a papelada. Também é possível que lhe peçam um exame médico.

Adquira seu seguro de uma seguradora sólida

Como parte do processo de aquisição, insisto para que você peça ao seu corretor de seguros para lhe mostrar os "índices de segurança" da companhia de seguros. Isso é muito importante. Você quer comprar um seguro de uma companhia que ainda estará no mercado daqui a dez, vinte ou trinta anos. Para ajudar os consumidores a ter uma ideia da sua saúde financeira, as companhias de seguro têm o que chamamos de "classificação de solidez financeira", uma avaliação expressa em notas. Nos Estados Unidos, as agências classificadoras mais conhecidas são a A.M. Best, a Moody's e a Standard & Poor's. Você há de querer que a sua seguradora tenha recebido, no mínimo, nota A.

Informações básicas sobre beneficiários e titulares

Quando adquirir um seguro de vida, você vai precisar especificar quem será o beneficiário da sua indenização por morte. Você pode ter um único beneficiário ou vários. A decisão e a escolha são exclusivamente suas.

Esteja atenta, porém, pois isso pode ser arriscado. Embora faça todo sentido nomear seu cônjuge como beneficiário, responda: o que acontece caso vocês dois morram em um acidente? Em geral, a melhor saída é nomear como beneficiário o seu truste inter vivos revogável. Assim a indenização por morte será automaticamente paga ao truste sem ficar emperrada em processos judiciais. E como discutimos no mês passado, você já determinou no truste exatamente como devem ser distribuídos os seus bens.

Mães solteiras, atenção aos beneficiários!

Se você é mãe solteira e o seguro visa proteger seus filhos menores, assegure-se de que os beneficiários na apólice não sejam — repito, *não sejam* — seus filhos ou o seu espólio. Se você morrer e seus filhos menores constarem na sua apólice de seguro de vida como beneficiários, ou mesmo se nomear o seu testamento ou espólio como beneficiário, as crianças e seu tutor terão problemas. Explico por quê:

As companhias de seguros de vida não pagam indenização a menores de dezoito anos (nem a seus tutores). Elas exigem a nomeação de um tutor dativo, ainda que você tenha nomeado um tutor em seu testamento. Isso vai custar milhares de reais. Uma vez resolvida a contenda, a maioria dos tribunais exige que o dinheiro da indenização seja investido no que se conhece como "conta bloqueada" em um banco. Os valores depositados numa conta bloqueada não podem ser movimentados por ninguém, nem mesmo o tutor, sem uma ordem judicial. Assim, toda vez que o tutor precisar de dinheiro — digamos para custear a educação de seus filhos —, ele terá que pagar a um advogado para entrar em juízo e requerer a liberação do dinheiro. Em muitos tribunais, os juízes não deferem automaticamente o pedido, exigindo ser convencidos de que os pagamentos da Previdência Social aos menores não são suficientes para satisfazer as suas necessidades.

A coisa pode ficar ainda mais complicada. Embora os tribunais sejam tão severos quanto a liberar o dinheiro antes da maioridade de alguém, uma vez que esta seja atingida o dinheiro é liberado de uma só vez. Você realmente deseja que seu filho de 18 anos tenha total controle sobre uma grande soma de dinheiro? Preciso dizer mais?

É possível evitar tudo isso — os honorários advocatícios, o juiz do inventário, um bocado de dinheiro na mão do seu filho de 18 anos — se você seguir o conselho expresso no plano do mês passado e instituir um truste inter vivos revogável. Instituído o truste, tudo que você tem a fazer é nomeá-lo como beneficiário do seu seguro de vida.

Para evitar o pagamento deste imposto, só contando com um truste inter vivos revogável.

Seguro residencial

Se você é proprietária de um imóvel, deveria estar coberta por um seguro residencial. Todo imóvel financiado tem seguro residencial — a financiadora exige. Sei por experiência, porém, que os proprietários não costumam fazer ideia do grau de cobertura que o seguro lhes dá e essa cobertura quase sempre tem um monte de lacunas. Em geral, quando ocorre a calamidade descobre-se que a apólice oferece menos cobertura do que se imaginava. Quando você diz: "Nossa, *essas lacunas*... já é tarde demais."

Tendo em vista que a casa em que você mora provavelmente é seu único bem maior, sem falar do papel central que desempenha na vida da família, acho que vale a pena gastar algumas horas do seu tempo para se assegurar de ser integralmente indenizada caso ela sofra danos ou fique destruída. O que poucas pessoas parecem entender é que mesmo que a casa seja destruída, o financiamento continua a existir. Se o seguro não lhe der a cobertura esperada, talvez você se veja num aperto financeiro. Foi com isso que muitas vítimas do furacão Katrina tiveram que lidar: apólices de seguro que não corresponderam às expectativas.

Não quero que isso aconteça com você.

Para executar a tarefa a seguir, você tanto pode pegar a apólice do seguro que tem no momento quanto ligar para o seu corretor e pedir que ele confirme se a sua apólice inclui as coberturas listadas abaixo.

São estes os componentes-chave de cobertura sobre os quais nos concentraremos:

▲ quanto você vai receber se a sua casa for destruída?

▲ a sua indenização aumenta automaticamente todo ano para acompanhar os custos crescentes da indústria de construção?

▲ com que indenização você contará caso não possa continuar morando em sua casa se ela for destruída ou danificada?

▲ você será integralmente indenizada pela perda de seus pertences?

▲ a sua apólice inclui proteção pessoal caso você seja processada?

Informações básicas sobre o seguro residencial
Saiba o que não está coberto

A parte mais importante da sua apólice de seguro residencial é a que faz referência ao que a sua seguradora concorda em pagar caso sua casa seja danificada ou destruída no que se considera uma perda "coberta".

É aí que muita gente se mete em apuros. Os seguros residenciais padrão não cobrem prejuízos causados por enchentes. Nem por terremotos. Eles também não cobrem os danos decorrentes de tempestades. Se você reside numa zona em que existe a possibilidade de ocorrência de quaisquer dessas catástrofes naturais, você precisa — precisa mesmo — ligar para o seu corretor de seguros o mais rápido possível para saber que acessórios estão disponíveis para esses sinistros "fora do padrão".

O outro grande problema enfrentado pelos proprietários de imóvel próprio surge quando a indenização de um prejuízo coberto é menor do que o esperado porque eles não entenderam a parte mais crucial de qualquer apólice: limite de cobertura de moradia.

VERIFIQUE O SEU LIMITE DE COBERTURA DE MORADIA

Quando você imagina o valor da sua casa, é natural que se prenda ao preço que ela teria se fosse posta à venda hoje. No entanto, quando se trata de segurar a sua moradia, é preciso focar um aspecto totalmente diverso: quanto custaria reconstruí-la caso ela fosse seriamente danificada ou destruída. A questão não é o que um terceiro pagaria pela sua casa, mas quanto você vai ter que pagar a engenheiros e operários para reconstruí-la ou repará-la. Devido ao custo das construções novas e da mão de obra, isso pode chegar a muito mais do que você imagina.

Por exemplo, uma casa que você venderia hoje por R$300 mil (o valor de mercado) pode custar R$200 mil para reconstruir (o valor de habitação), caso ela seja destruída ou danificada. A diferença entre o valor de mercado e o valor da habitação costuma ser o custo do terreno onde está a casa.

Um lote de terreno num bom bairro com vista para o mar ou para a montanha pode valer bem mais do que outro do mesmo tamanho sem essas características. É importante que você saiba quanto vale o seu terreno e o que um engenheiro irá lhe cobrar para reconstruir nele a sua casa. Voltemos ao exemplo de uma casa com valor de mercado de R$300 mil e valor de habitação de R$200 mil. Se você descobrir que a sua apólice cobre apenas R$150 mil, ficarão faltando R$50 mil caso seja preciso reconstruí-la totalmente.

O montante da cobertura do seu seguro residencial consta na primeira ou segunda página da apólice. Chama-se limite de cobertura da moradia. Localizada a quantia em reais, quero que você procure em seguida, na mesma seção, que limite de cobertura de moradia você possui. As quatro possibilidades são:

▲ indenização garantida dos custos de reposição;
▲ indenização ampliada dos custos de reposição;
▲ indenização dos custos de reposição;
▲ indenização do valor real corrente.

ASSEGURE-SE DE QUE A SUA APÓLICE TENHA COBERTURA GARANTIDA DE REPOSIÇÃO OU COBERTURA AMPLIADA DE REPOSIÇÃO

Indenização garantida dos custos de reposição significa que o seguro pagará qualquer que seja o custo para reconstruir ou repor a sua casa nas condições anteriores ao sinistro, independente de qual seja a o limite de cobertura de moradia declarado na apólice. Veja bem que este grau elevado de proteção não se encontra disponível em todas as situações. Sua segunda melhor opção — a única opção que lhe peço para fazer — é a indenização ampliada dos custos de reposição. Com esta cobertura, a sua indenização máxima pode ficar entre 120 e 150% acima do limite de cobertura de moradia declarado. Digamos, por exemplo, que você segurou a sua casa por R$300 mil, mas veio a descobrir, depois que um incêndio a destruiu, que o custo de reconstrução vai ficar em R$360 mil. Se tiver direito a uma indenização ampliada dos custos de reposição, talvez você seja uma sortuda: se ela corresponder a 120% de R$300 mil, a indenização máxima será de R$360 mil (20% de R$300 mil são R$60 mil, somados aos R$300 mil de cobertura-base).

Se a sua apólice estabelece que o seu limite de cobertura de moradia se refere apenas ao custo de reposição, sua indenização máxima estará limitada a 100% do valor declarado constante da apólice. No nosso exemplo, isso significa que você receberia, no máximo, R$300 mil. Acho que não basta. Ligue para o seu corretor o mais rápido possível e discuta a possibilidade de elevar a sua cobertura para indenização ampliada dos custos de reposição.

E se por acaso sua apólice estipular o pagamento apenas do valor real corrente no mercado, sem dúvida você está insuficientemente segurada. Em nenhuma hipótese este grau de cobertura é bom. Com valor real de mercado, a sua indenização se baseia no *valor depreciado* daquilo que precisa ser reparado/reconstruído. Digamos que o seu telhado tenha 15 anos e venha a ser seriamente danificado pela queda de uma árvore durante uma tempestade. Se o seguro lhe der pelo valor real de mercado, a seguradora calculará a indenização com base num telhado de 15 anos de idade. A indenização só dará para repor o telhado nas condições de um telhado de 15 anos. De que lhe adiantará isso, quando você precisar pagar a um especialista para fazer um telhado novo? Você vai acabar tendo que pagar do seu bolso a diferença entre o valor depreciado que a sua apólice cobre e o que quer que custe para consertar apropriadamente o telhado. Se o seu limite de cobertura de moradia é por valor real de mercado, você precisa — precisa mesmo — ligar para o seu corretor e discutir a elevação da cobertura, no mínimo, para indenização ampliada dos custos de reposição. Faça isso ainda hoje.

PROTEJA SEUS PERTENCES COM INDENIZAÇÃO DOS CUSTOS DE REPOSIÇÃO

O mesmo conceito se aplica à forma como a sua apólice oferece cobertura para a perda de seus pertences ou para eventuais danos sofridos por eles. Os dois tipos básicos de cobertura disponíveis são custo de reposição e valor real corrente (VRC). Examine a sua apólice para se assegurar de que todos os seus pertences estejam segurados com base no custo de reposição. Se a sua apólice falar em valor real corrente, você corre o sério risco de receber menos do que deveria no caso de algum de seus bens ser danificado ou roubado. Quer um exemplo? Digamos que você gastou R$4 mil para comprar uma tevê de plasma dois anos atrás e agora ela foi roubada. Se a sua cobertura for VRC, a seguradora lhe pagará o valor de uma tevê de plasma com dois anos de uso. Apenas para ilustrar, imaginemos que esse valor seja apenas R$2 mil. Provavelmente, essa quantia não permitirá que você compre uma tevê nova. Não aceite indenizações de seguro baseadas no valor depreciado dos seus bens. Assegure-se de que a sua apólice lhe garanta indenização do custo de reposição, a fim de que esta corresponda ao que você terá que pagar para substituir o bem roubado ou danificado por um *novo* — pois um bem novo será sua única alternativa.

COMPROVE A PROPRIEDADE DOS SEUS PERTENCES

Quando se trata de receber indenização pela perda de um bem ou por danos sofridos por um bem, a comprovação da propriedade de tudo que existe em sua casa poderá ajudá-la a argumentar com a seguradora. Isso significa ter um registro dos seus bens. As notas fiscais constituem um excelente meio de prova.

Alguns bens, como joias, objetos de arte e dívidas cobráveis talvez precisem de seguro extra — o que chamamos de anexo ou cláusula complementar da apólice.

Preveja o aumento dos custos de construção

É preciso que a sua apólice de seguro residencial inclua um ajuste automático de acordo com a inflação. Assim, a quantia estipulada no limite de cobertura de moradia será automaticamente reajustada todo ano para acompanhar os custos crescentes da indústria da construção. Esse reajuste anual costuma se situar entre 4% e 5%.

Cobertura adicional para as despesas de manutenção

Vejamos o que aconteceria se a sua casa fosse destruída ou danificada a tal ponto que tornasse inviável a sua permanência nela. Você teria que continuar pagando as prestações do financiamento, o que significa que, se também precisasse se mudar para outro endereço até seu imóvel ser reconstruído ou reparado, enfrentaria um segundo conjunto de despesas de moradia. Essas despesas poderão incluir aluguel, lavanderia, diárias de uma *pet shop* para o seu animal de estimação, gasolina extra, caso você fique mais longe do trabalho, o custo de um guarda-móveis etc. É aí que a indenização adicional de despesas de manutenção (também conhecida como indenização pela perda do uso) do seu seguro residencial será capaz de ajudá-la a custear seu sustento naquilo que exceder as despesas anteriores ao sinistro. Por outro lado, quanto exatamente e durante que período a seguradora se dispõe a lhe pagar tal indenização?

A cobertura ideal é "sem limite de quantia nem de tempo". Se a sua apólice oferece apenas uma indenização limitada (em geral uma quantia que aparece na apólice expressa por uma percentagem do seu limite de cobertura de moradia) ou estipula que os pagamentos serão efetuados durante 12 meses apenas, recomendo que você discuta com o seu corretor a alteração da cobertura, principalmente se residir numa área com alto custo de vida. O preço do aluguel no seu bairro combinado com as despesas extras pode tranquilamente gerar uma enorme diferença adicional na administração doméstica ao longo do período em que a sua residência estiver sendo reparada ou reconstruída. Similarmente, se você mora numa cidade cujas licenças para construção e reconstrução de imóveis costumam demorar a ser concedidas, ficar limitada a receber uma indenização por apenas 12 meses a partir da data do sinistro poderá significar que as despesas de sustento acabarão saindo do seu próprio bolso ao longo de vários meses.

Conheça a cobertura do seu seguro de responsabilidade civil

Caso você seja processada por provocar acidentalmente lesões corporais a um terceiro ou danos materiais à propriedade alheia, a indenização do seguro de responsabilidade civil ajudará a custear os serviços de um advogado e os danos resultantes do acidente. Ela também poderá cobrir as despesas consequentes de quaisquer danos causados por você, por um membro da sua família ou mesmo por algum animal de estimação que lhe pertença, seja dentro do seu imóvel, seja fora dele. Um seguro residencial padrão oferece um limite máximo de R$500 mil de cobertura de responsabilidade civil.

É importante entender que alguém que vença uma ação proposta contra você pode "ir atrás" dos seus bens — ou seja, buscar se ressarcir do próprio prejuízo com a venda dos seus bens ou peticionar a um juiz para que este defira a penhora dos seus proventos (descontos no seu contracheque). O seguro de responsabilidade civil é capaz de protegê-la contra a penhora de seus bens ou do seu salário. Muita atenção, porém, à cobertura padrão: num seguro residencial padrão, ela não passa de R$500 mil. Se o valor total dos seus bens — incluída aí a sua casa — for superior a R$500 mil, é preciso discutir com seu corretor a contratação de um seguro coletivo de responsabilidade civil adicional. É possível adquirir uma apólice com uma cobertura R$1 milhão por apenas algumas centenas de reais por ano.

Atenção, inquilinas

Vocês também precisam de seguro. Não cometam o erro de achar que o locador é responsável por quaisquer perdas ou danos aos seus bens. Ele é responsável unicamente pelos danos à estrutura do imóvel, como uma infiltração ou um problema na fiação. A responsabilidade pelos danos sofridos por tudo que se encontra dentro do imóvel é exclusivamente sua. Por exemplo, se uma tempestade estourar as janelas e estas forem derrubadas sobre a sua tevê, o locador é responsável por consertar a janela, não por substituir a sua tevê por uma nova.

Um seguro básico para inquilino não irá lhe custar mais do que R$200 ou R$300 anuais. Certifique-se de que seus bens estejam segurados pelo valor de reposição e não pelo valor real corrente.

É igualmente importante que você se assegure de contar com uma cobertura de responsabilidade civil suficiente — pelas razões mencionadas, mas também porque você pode ser responsabilizada por danos ao imóvel alugado, como, por exemplo, se um incêndio provocado por

---

uma vela deixada acesa danificar o apartamento do locador ou o prédio em que ele se encontra. Nesse caso, a responsabilidade será sua pelo pagamento dos danos (e talvez mesmo pela indenização por lesões corporais) causados pela sua negligência.

Se você possui bens de alto valor em que este excede o limite básico da indenização constante da sua apólice do seguro de responsabilidade civil, considere a possibilidade de adquirir um seguro coletivo de responsabilidade civil.

Atenção, condôminas!

Não confiem unicamente no seguro coletivo! Ele cobre apenas as áreas comuns, como o salão de festas, a piscina, as escadas e elevadores. O interior da sua unidade não conta com cobertura alguma. Seus armários, suas bancadas, os aparelhos eletrodomésticos e o deslumbrante piso de cerâmica que você mandou pôr no banheiro não estão cobertos pelo seguro coletivo. É claro que você há de querer segurar todos os seus bens pessoais. É necessário que faça um seguro individual para proteger todo o conteúdo da sua unidade.

Naturalmente, você também deve se certificar de que a indenização do seu seguro de responsabilidade civil seja suficiente. Se alguém se ferir devido à sua negligência ou se você acidentalmente causar danos à propriedade em condomínio, vão lhe exigir ressarcimento pelos danos. Se o valor dos seus bens exceder o limite básico de cobertura de responsabilidade civil da apólice de seguro coletivo, pense seriamente em adquirir um seguro coletivo de responsabilidade civil.

Dicas para a aquisição de um seguro residencial

Se você está precisando adquirir um novo seguro ou não está satisfeita com o que tem atualmente, verifique em primeiro lugar com a seguradora do seu carro para saber se ela oferece seguro residencial ou seguro para inquilinos. Com frequência, a contratação dos dois tipos de seguro numa única companhia confere direito a uma redução de cerca de 20% no valor do prêmio. Vale a pena, porém, checar a concorrência, pedindo a cotação de, no mínimo, três seguradoras para ver qual delas oferece as melhores condições.

PLANO DE AÇÃO: RESUMO DAS PROVIDÊNCIAS RELATIVAS A SEGURO DE VIDA E SEGURO RESIDENCIAL

SEGURO DE VIDA

✓ Adquira um seguro de vida para proteger qualquer pessoa que dependa da sua renda;

✓ Adquira um seguro por prazo limitado e nenhum outro;

✓ Opte por uma apólice com termo de garantia de renovação anual;

✓ Para obter proteção máxima, busque uma indenização por morte equivalente a vinte vezes a renda anual de que os seus dependentes necessitam para cobrir as próprias despesas de sustento;

✓ Nomeie como beneficiário do seu seguro de vida o seu truste inter vivos revogável.

SEGURO RESIDENCIAL

Proprietárias de imóvel

✓ Assegure-se de que o seu limite de cobertura de moradia seja atualizado para refletir o custo atual de reconstrução da sua casa se ela for destruída;

> ✓ Assegure-se de que o seu limite de cobertura de moradia lhe dê indenização garantida dos custos de reposição ou indenização ampliada destes custos ;
>
> ✓ Assegure-se de que os seus pertences estejam segurados pelo valor de reposição; caso você conte apenas com cobertura pelo valor real corrente, é preciso aumentar a cobertura da sua apólice;
>
> ✓ Confira se a sua apólice estipula reajuste automático com base na inflação;
>
> ✓ Descubra qual é a cobertura a que você tem direito para despesas adicionais de manutenção. O ideal é que o seu seguro lhe garanta indenização das despesas de manutenção por tempo indeterminado, enquanto você aguarda a reconstrução/o reparo da sua casa;
>
> ✓ Adquira uma apólice coletiva de responsabilidade civil para segurar seus bens avaliados em mais de R$500 mil.
>
> ### Inquilinas
>
> Adquira um seguro individual para inquilinos. Se o valor dos seus bens pessoais exceder a cobertura de responsabilidade civil da sua apólice, contrate um seguro coletivo de responsabilidade civil adicional.
>
> ### Condôminas
>
> Adquira um seguro residencial individual. Se o valor de seus bens pessoais exceder a cobertura de responsabilidade civil da sua apólice, contrate um seguro coletivo de responsabilidade civil adicional.

Além do plano:
conhecimento = poder = controle

Quero lhe dar os parabéns por tudo o que você conseguiu realizar ao longo dos últimos cinco meses. Minha intenção foi mostrar o que é preciso fazer para obter uma sólida segurança financeira, ou seja, adquirir um conhecimento funcional das operações e dos termos financeiros, bem como a compreensão de como o planejamento do imprevisível pode reduzir a sensação de ansiedade e impotência. Espero que você já esteja sentindo os efeitos de tudo que realizou. Deve estar se sentindo orgulhosa, aliviada e cheia de poder. Eu estou encantada!

Agora chegou a hora de encarar a vida além do plano. Estou ciente de que algumas de vocês continuarão a pagar os saldos devedores dos seus cartões de crédito ainda por algum tempo e de que outras precisarão de tempo para criar um fundo de poupança para emergências. O investimento para a aposentadoria terá que constituir uma prioridade durante os anos de trabalho ativo. Em outras palavras, sei que o exercício do Plano de Autorresgate nem de longe se encontra concluído, que este é um compromisso de longo prazo, mas espero que todas percebam que a cada passo dado estarão criando uma relação saudável com o próprio dinheiro. Vocês se lembram da disfunção que diagnosticamos lá atrás no primeiro capítulo? Como diria qualquer bom terapeuta, não se consertam relacionamentos do dia para a noite; é preciso trabalho duro e força de vontade, bem como disposição para enfrentar as fases difíceis. Espero que tudo isso não tenha sido uma tarefa estafante; espero que você já tenha começado a perceber as vantagens de viver dentro dessas diretrizes.

Para ser franca, porém, me preocupa um pouco não deixar um "Plano de Ação" para você seguir nos meses seguintes. Não desejo que você se sinta preocupada ou travada, sem saber que objetivo financeiro priorizar.

Espero que, nos meses e anos seguintes, você capitalize o ânimo que reuniu e queira fazer ainda mais: transformar-se de poupadora em investidora; de inquilina em proprietária; e deixar de ser financeiramente insegura para ser financeiramente poderosa. Espero que não apenas conserve o seu conhecimento sobre finanças, mas que o aperfeiçoe. Pois é nisto que acredito piamente: Conhecimento = Poder = Controle. Com isto em mente, veja abaixo a minha lista EU ADORARIA SE VOCÊ... para a sua vida depois do plano:

Eu adoraria se você...

... lesse todo mês uma revista de finanças — pode ser a *ISTOÉ Dinheiro*, a *Você S/A* ou a *Época Negócios*. Qualquer uma das três lhe será muito útil.

... desse uma olhada no jornal *Valor Econômico* uma vez por mês. Não é preciso ler as tabelas financeiras; apenas passe os olhos nos artigos e veja se algo chama a sua atenção.

... assistisse ao canal Bloomberg ou ao programa *Conta Corrente* da Globo News ao menos uma vez por mês para ver o que pode aprender.

... falasse de dinheiro com suas filhas e netas e firmasse um pacto financeiro familiar de aprender o máximo possível juntas.

... criasse um clube de investimentos em que pudesse falar livremente e se instruir a respeito de dinheiro.

... aprendesse a gostar de lidar com o seu dinheiro tanto quanto gosta de assistir a novelas.

Tudo bem, essa é uma lista de desejos. Sei que revisar seus beneficiários anualmente não é páreo para nenhuma novela em termos de distração, mas não me leve a mal por insistir...

Faça uma promessa a si mesma

Tenho um ditado: a coisa mais fácil na vida é esquecer e a mais difícil é recordar. Agora que você já venceu os cinco meses do Plano de Autorresgate, prometa a si mesma que jamais se esquecerá de como foi boa a sensação de começar, mês a mês, a assumir o controle do seu destino. E lembre--se de como foi gostoso chegar ao fim de cada mês e saber que venceu todas as etapas cruciais para promover a própria segurança. Sei que se você mantiver presente essa sensação de realização, ela será a motivação necessária para que você permaneça neste caminho — progredindo — pelo resto da vida. Você é poderosa demais para querer retroceder.

7
Os compromissos

O objetivo primordial deste livro é sanar o seu relacionamento com o dinheiro, e esse foi o nosso foco até agora. Mas você não vive neste mundo sozinha com o seu dinheiro, e sim no centro de uma teia de relacionamentos, e manobrar em meio a eles é bastante complicado, principalmente quando existe dinheiro envolvido.

A grande maioria das mulheres que ligam para o meu programa de tevê tem problemas não com o dinheiro em si, mas com os relacionamentos. O problema financeiro costuma ser um sintoma ou uma consequência do problema de relacionamento. Nos capítulos anteriores, discutimos como as mulheres equiparam doação a demonstração de amor, fazendo com que quando amamos muito alguém ou alguma causa, nossas almas maternais nos induzam a dar, dar, dar. Damos dinheiro, ainda que isso signifique assumir financiamentos de imóveis dos outros, lançar mais despesas nos cartões de crédito e avalizar empréstimos. Dizemos sim a tudo que nos pedem, em lugar de parar para avaliar o impacto emocional e financeiro que isso produzirá na nossa vida. Costumamos deixar que os outros determinem as nossas ações. Eles nos comunicam as suas necessidades e nós as priorizamos, mesmo quando isso significa deixar as nossas totalmente de lado. Estamos mais comprometidas com a ajuda aos outros do que a nós mesmas.

Você é uma destas mulheres?

▲ A mulher que no fundo sabe que uma conta de investimentos para emergências é o pilar da segurança financeira, mas que quando a irmã atrasa o pagamento do financiamento da casa, do carro ou da conta do cartão de crédito pela milésima vez, raspa a própria poupança porque não consegue se imaginar recusando ajuda.

▲ A esposa que no fundo sabe que o patrimônio que ela e o marido possuem é um bem que deve ser mantido e protegido, em vez de gasto, mas quando o marido tem sua crise de meia-idade e declara que vai pedir demissão e abrir um negócio próprio, não consegue — ou não tem coragem — de dizer não.

▲ A mulher que no fundo sabe que a melhor amiga é uma irresponsável em termos financeiros, mas mesmo assim concorda em avaliar um financiamento de automóvel para ela, o que significa que provavelmente acabará pagando por esse automóvel, embora não tenha condições de fazê-lo.

▲ A filha que mensalmente manda R$500 para os pais para ajudar nas despesas, mesmo quando isso implica em ficar sem dinheiro para pagar as próprias contas.

▲ A dona de casa cuja mesada é usada com cada vez mais frequência para pagar as contas, mas nem por isso reclama, embora não tenha nenhum dinheiro seu.

▲ A noiva que tem medo de pedir um pacto pré-nupcial ou de falar de dinheiro antes do casamento por achar que isso matará o romantismo.

▲ A funcionária de quem todos gostam, que contribui com R$25 toda vez que os colegas fazem uma "caixinha" para um presente de casamento, uma festa de aniversário ou de Natal, mesmo sabendo que isso a forçará a atrasar o pagamento das próprias contas.

▲ A mãe que continua a consertar os erros dos filhos adultos.

O que acho ao mesmo tempo tocante e encorajador é que as mulheres que se encontram nesse tipo de situação percebem, em algum nível, que o problema reside tanto nelas próprias quanto naqueles que lhes fazem as exigências financeiras. Amar alguém com quem você se sinta comprometida não significa dar sempre dinheiro a esse alguém; significa apenas que você deve ser capaz de se dar. E a autodoação nos leva de volta aos oito atributos de uma mulher rica, pois é preciso mais poder para dizer não por amor do que para dizer sim por fraqueza. Quero que você reflita sobre esse conceito, pois ele é muito importante. **É preciso mais poder para dizer não por amor do que para dizer sim por fraqueza.** Essa noção está no âmago do desenvolvimento de uma relação saudável com o seu dinheiro.

Comprometa-se consigo mesma tanto quanto se compromete com os outros

Por mais clara e lógica que pareça a ideia de falar com poder e franqueza com os entes queridos, na verdade essa provavelmente é uma das coisas mais difíceis que você terá que fazer. Dizer não a quem se ama é difícil. É mais fácil bagunçar as próprias finanças dizendo sim o tempo todo do que viver temendo o efeito que a palavra "não" terá sobre os nossos relacionamentos, mas como qualquer mulher que adotou esse hábito lhe dirá por experiência própria, tomar decisões financeiras na esperança de salvar um relacionamento é um tiro que sempre sai pela culatra. Por esse motivo, voltaremos direto a quanto é essencial manter *você* num relacionamento saudável com seu dinheiro. Você está fazendo o que é fácil ou o que é certo?

Um exercício

Aqui e agora, vou lhe pedir para assumir este compromisso com o seu relacionamento e com você mesma. É o que desejo que você faça. Pegue um papel e uma caneta e escreva as seguintes palavras:

De agora em diante, quando se tratar do meu dinheiro e dos meus relacionamentos, prometo fazer sempre o que for certo em lugar do que for fácil.

Assine e ponha a data. Cole o papel num lugar onde possa vê-lo sempre, seja no espelho, no computador, no armário (ou em todos eles) — ou enfie na carteira. Antes de realizar qualquer operação envolvendo dinheiro — o seu ou aquele que você partilha com alguém — quero que pergunte a si mesma: "Estou fazendo isto porque é o certo ou porque é fácil?"

É fácil concordar em emprestar ao namorado dinheiro que você não tem. É fácil deixar que os seus pais se metam em apuros financeiros. É fácil evitar o assunto de um testamento ou truste com seu marido porque ele tem medo da própria mortalidade. É fácil levar seus filhos ao shopping e comprar mais um jeans de R$150. Fazer o que é fácil, porém, não é a forma de desenvolver um relacionamento saudável — nem com as pessoas nem com o dinheiro.

Onde você está no seu relacionamento

Você e o seu novo amor

Quero começar com a situação de um encontro: você conhece uma pessoa genial, as coisas caminham para um relacionamento "sério", e vocês pensam em morar juntos. Não importa se vocês têm 22 anos e pretendem partilhar um quarto e sala ou se têm 42 e vão dividir a bela casa que é só sua: é preciso falar de dinheiro antes de decidir quem se muda para onde. Como o aluguel será dividido? Ou as prestações do financiamento, ou a conta do supermercado? E se o outro ganhar três vezes o que você ganha?

Essas perguntas são importantes... Mas falar de dinheiro é sempre a última coisa que as mulheres desejam fazer. E isso invariavelmente cria problemas de relacionamento mais à frente. Converse agora. Garanto que a relação será mais sólida.

Sei que a sua grande preocupação é dividir o espaço no armário, mas o que devia ser a prioridade da sua lista é a divisão das contas. Com frequência ouço falar de casais que vão morar juntos e depois descobrem que têm noções totalmente distintas sobre a administração conjunta das finanças. Supor não é o caminho. Antes de qualquer um dos dois se mudar, assegurem-se de como as despesas serão divididas.

E não vá logo imaginando que uma divisão meio a meio seja a resposta. E se o seu salário anual for R$100 mil e o do seu companheiro, R$50 mil? É justo dividir meio a meio as despesas? Veja o que deve ser feito:

▲ Junte o ordenado líquido de ambos. Essa é a renda familiar total. Depois, divida o total das despesas mensais pela renda e encontre uma percentagem. Essa percentagem dirá o quanto cada um de vocês dará como contribuição para as despesas conjuntas. Um exemplo: digamos que o seu salário líquido seja de R$7 mil e o do seu companheiro, R$3 mil. A renda familiar líquida é de R$10 mil. Agora some todas as despesas domésticas. Digamos que com aluguel, luz, gás, telefone etc., vocês gastem R$3 mil mensais. Divida os R$3 mil das despesas conjuntas pelos R$10 mil da renda líquida familiar. Vamos achar a percentagem de 30%. Isso significa que cada um dos dois vai entrar com 30% do seu salário líquido para pagar as despesas: R$2.100 seus e R$900 do seu companheiro — percentagens iguais e não quantias iguais.

▲ Abra uma conta-corrente conjunta para o pagamento das despesas domésticas. Conserve a sua conta-corrente individual, mas abra outra, conjunta. Este é um meio excelente de testar os hábitos financeiros de ambos. Você aprendeu no primeiro mês do Plano de Autorresgate a sentar e pagar as contas todas de uma só vez. Isso significa que uma semana antes do vencimento delas, os dois devem depositar a própria contribuição para as despesas domésticas naquela conta conjunta. Sem desculpas nem choradeira. Na minha opinião, este é um teste imbatível para descobrir o quanto o seu novo amor é responsável financeiramente e para que ele descubra o mesmo a respeito de você.

Partilhem a avaliação de crédito

É preciso que eu lhe diga que este é o filtro mais rápido e revelador sobre a postura financeira do seu futuro companheiro. Sei que ninguém me dará uma medalha de romantismo por isso, mas acredito piamente que quem é financeiramente irresponsável tem mais probabilidade de ser emocionalmente irresponsável em um relacionamento. Por esse motivo, se você é a parte do casal com um histórico de crédito atrapalhado, seu parceiro potencial merece que você se redima. Mas se você ou ele tem uma pontuação de crédito baixa, o relacionamento não está fadado ao desastre. De modo algum quero dizer que uma avaliação baixa seja a nova forma imbatível para testar um relacionamento. A questão é que vocês dois precisam ser honestos e abertos quanto à própria situação financeira. Trocando em miúdos, precisam apoiar um ao outro na hora de assumir eventuais erros cometidos no passado e corrigi-los. Amor e compromisso duradouros dependem de como lidamos com os maus passos da vida, mas quando a anarquia é profunda e enraizada, também é preciso ter a coragem de romper um relacionamento — não só porque ele deixará você sem nada financeiramente, mas também por isso ser emocionalmente oneroso.

Uma espectadora do meu programa de tevê fornece um exemplo genuíno e esclarecedor. Lynn é quarentona e cuida do pai idoso. Tem conseguido dar conta de si e do pai sem contrair grandes dívidas. É financeiramente responsável, mas em compensação o namorado não tem um pingo de juízo em termos de dinheiro. Deve R$30 mil nos cartões de crédito, não dispõe de poupança alguma e vem pressionando Lynn para aceitar que ele vá morar com ela e o pai. Em seu telefonema ao programa, Lynn a toda hora dizia amar o namorado, mas admitia que a irresponsabilidade financeira dele constituía um enorme problema. Fiz-lhe a mesma pergunta que costumo fazer a muitas mulheres nesse tipo de situação: "Você diz que o ama, mas será que realmente gosta dele?" Normalmente, primeiro ouço um suspiro ou um minuto de silêncio antes da resposta: não, não gostam, pois o outro se recusa a ser financeiramente responsável e confiável. E toda essa pressão em cima delas e do relacionamento as deixa magoadas. Esse não é um compromisso que valha a pena, ponto final. Lynn precisou de alguns anos para finalmente romper com o namorado. Se você quer saber, acho que ela fez o que era certo — e não foi fácil.

A CONVERSA SOBRE CASAMENTO/COMPROMISSO

Tendo em vista que hoje em dia, em média, as mulheres estão se casando ou "se juntando" pela primeira vez mais tarde, é bem provável que quando você encontrar a pessoa certa já tenha um bocado de bagagem financeira expressa em bens e dívidas. O mesmo se aplica ao seu futuro marido ou companheiro. A regra básica é que ambos terão direito à propriedade dos bens adquiridos durante o casamento e serão responsáveis pelas dívidas feitas no período. Qualquer bem anterior à união não será automaticamente partilhado. No entanto, tenho visto muitas mulheres se meterem em apuros por transferirem seus bens ou simplesmente por não dizerem claramente o que é "meu" — e não "nosso".

Há muito tempo assumi uma postura veemente a esse respeito: acredito em pactos pré-nupciais. Se não se trata de casamento, acredito em acordos de coabitação. Esses documentos são hoje mais importantes do que nunca, devido ao sucesso profissional de tantas mulheres que se casam ou assumem um relacionamento. Se você vai se casar pela segunda vez, eles são ainda mais importantes. Não estou sugerindo que cada um de vocês tranque a sete chaves o que é seu, mas com tanta coisa em jogo, quero que deixem bem claro um para o outro o que desejam manter como propriedade individual e o que desejam possuir em condomínio.

VOCÊ E O SEU CÔNJUGE/COMPANHEIRO

É fácil demais delegar a responsabilidade pelas questões financeiras ao seu companheiro. A história favorece este tipo de comportamento, já que administrar o dinheiro sempre foi considerado tarefa masculina. Mas, minhas senhoras, estamos no século XXI. Já é hora de nos livrarmos dessa desculpa conveniente. Vejo tantas mulheres se deixando preguiçosamente encaixar nesses estereótipos, porque se sentem confusas ou desinteressadas diante do dinheiro. Controlar o seu destino financeiro exige que você seja uma participante ativa — não apenas pagando contas, mas também monitorando os próprios investimentos. Dê este passo e acho que ficará surpresa de ver como isso irá ajudar o seu relacionamento.

Tenho uma história engraçada para contar. Quando resolvi escrever este livro, comecei a pesquisar e conversei com várias especialistas e profissionais que trabalham com mulheres. Depois de falar com um batalhão delas, decidi que era hora de parar de fazer perguntas gerais e tentar descobrir como essas mulheres lidavam com o próprio dinheiro. As respostas me deixaram, no mínimo, pasma. Uma acadêmica brilhante admitiu que o companheiro administrava as finanças do casal — ela simplesmente não queria lidar com elas. Tentava ler os extratos, mas não entendia patavina. Além disso, confiava nele para tomar conta de tudo.

— Deixe ver se entendi direito — comecei. — Ficamos mais de uma hora no telefone enquanto você me enumerou todas as razões hormonais, bioquímicas e psicológicas para uma mulher se comportar de determinada forma, mas você mesma se acha incapaz de entender de finanças?

Você pode bem imaginar o que ela ouviu de mim (falei com delicadeza). Em troca do tempo que lhe roubei ao telefone, me ofereci para examinar todos os seus extratos financeiros para garantir que o companheiro sabia como lidar com dinheiro.

Na manhã seguinte, os extratos começaram a brotar do meu fax, um após o outro, juntamente com um recado explicando que após a nossa conversa a eminente professora não conseguira parar de pensar no que eu lhe dissera a respeito de controlar o próprio dinheiro. Por isso, naquela mesma noite, a pedido dela, o companheiro havia lhe mostrado todos os extratos e explicado tudinho. Ele ficou eufórico por vê-la finalmente interessada e ela também se sentiu feliz, pois pela primeira vez era capaz de entender o que acontecia na própria vida financeira. O companheiro, de fato, administrava lindamente o dinheiro dela, o que eu fiz questão de lhe dizer de viva voz. Quando atendeu ao telefone, ela me disse que desde a noite da nossa conversa o seu relacionamento estava mais saudável — tanto com o dinheiro quanto com o homem que amava. Na verdade, ele a amava e a respeitava mais agora por ter dado esse passo. Ela também me confessou que ambos vinham se dando melhor que nunca na cama e que se soubesse de tudo isso teria se envolvido com o próprio dinheiro há mais tempo (viu por que digo que as pessoas me contam tudo?).

Se o seu companheiro há anos vem insistindo para que você se interesse pelo dinheiro do casal, vai ser fácil fazer uma pausa na leitura deste livro e lhe dizer que você está pronta para se tornar também sua parceira nas finanças. Sem dúvida ele ficará satisfeito de poder contar, finalmente, com você. Um bom ponto de partida para esta nova fase do seu relacionamento é o Plano de Autorresgate. Você poderá usá-lo como modelo para descobrir o que o seu marido ou companheiro já realizou para a família.

Aborde o assunto como uma empreitada colaborativa. Sua intenção não é testar seu companheiro nem questionar suas escolhas. Ele é seu parceiro, seu amante, seu companheiro de vida. Respeite este vínculo. E se achar, efetivamente, que algumas decisões tomadas por ele contrariam os conselhos expostos no Plano de Autorresgate, tenha uma conversa franca. Sem acusações. Ele merece o mesmo tratamento "sem culpa ou vergonha" que você merece. Espero que ele seja um gênio financeiro que tenha tomado as melhores decisões para a família, mas com frequência vejo as mulheres confundirem o entusiasmo dos homens pelas questões financeiras com o conhecimento real das mesmas. Por isso, se ele tiver cometido alguns erros, tudo bem. O importante é que vocês agora formam um time capaz de promover os ajustes financeiros necessários.

PROBLEMAS NO HORIZONTE

Se, por outro lado, você tem um relacionamento antigo com alguém que de fato aprecia a dinâmica ultrapassada de estar no controle absoluto do dinheiro, uma boa dose de diplomacia será necessária. Explique sem pressa a ele que o fato de você querer agora se envolver com as finanças não significa pedir-lhe para abrir mão do poder nem exigir satisfações ou questionar a sua capacidade. Trata-se apenas da necessidade que você sente de adquirir conhecimento e participar, *partilhar* a responsabilidade com ele.

Se o seu marido, ainda assim, resistir, acho aconselhável que você se pergunte o que anda, realmente, acontecendo. É importante que vocês tenham um relacionamento totalmente franco a respeito de qualquer tostão de que disponham ou deixem de dispor. Não aceite menos que isso.

AS FINANÇAS DOMÉSTICAS E A DONA DE CASA

Este é um compromisso que as mulheres não se cansam de interpretar mal: donas de casa que veem num contracheque um símbolo de poder. Pôr-se à venda perde... Você sabe quantas donas de casa me dizem que não sabem como pedir dinheiro aos maridos para comprar algo de que a família precisa ou — Deus me livre! — de que *elas* precisam? Curiosamente, em geral são elas que pagam as contas todo mês, mas não administram a estratégia de investimentos a longo prazo. Emprego ingrato esse, cujo valor ninguém reconhece! E quando falta dinheiro para pagar as despesas mensais, são elas que se sentem culpadas. Quase sempre o problema é que simplesmente não entrou dinheiro bastante para saldar todas as contas e não o fato de a dona de casa ser financeiramente irresponsável.

Mas as mulheres aceitam tal dinâmica. Meu palpite é que elas têm um sentimento inconsciente de culpa ou de gratidão porque o marido é quem trabalha, enquanto elas ficam em casa. Quero que todas as donas de casa de hoje — bem como aquelas dentre vocês que consideram possível vir a seguir esse caminho algum dia — me ouçam com atenção: o trabalho da dona de casa é igualzinho ao do provedor. Leia novamente. O seu trabalho é tão importante, tão vital e necessário quanto o do seu marido que recebe um contracheque.

Quando ambos dão valor ao esforço incrível gasto na administração do lar, o funcionamento das finanças muda por completo. Nenhuma dona de casa deve jamais ter que pedir dinheiro ao marido ou se sentir culpada por gastá-lo. Comportar-se assim implica pensar que o dinheiro que entra é "dele". Não é dele, é de ambos. Do casal.

No dia em que você encarar o contracheque do seu marido como um rendimento conjunto, não será necessário lhe pedir mais nada, certo?

Por outro lado, vocês dois terão que se comprometer a descobrir como a família será capaz de viver com um único contracheque. Talvez você preferisse ser uma dona de casa, mas talvez isso não funcione do ponto de vista financeiro. Você e seu marido/companheiro terão que pensar juntos no que faz mais sentido para a família. Se vocês não conseguem sobreviver com um único contracheque, a culpa não é do seu marido. Esta é uma via de mão dupla: cabe a ambos a responsabilidade de descobrir como viabilizar financeiramente a situação. Talvez você tenha que trabalhar em meio expediente, ou quem sabe os dois devam pensar em morar num bairro menos caro. A questão é que, como um time, ambos precisam assumir a responsabilidade quanto a ser ou não possível viver bem com um único salário.

Se ambos acharem que é financeiramente viável um dos cônjuges trabalhar enquanto o outro fica em casa, você terá que desenvolver uma estratégia de nunca pedir dinheiro a seu marido. Meu conselho é que ambos concordem em dividir igualmente todo o dinheiro que sobrar no final do mês — depois de quitar as contas, depositar na poupança etc. Em outras palavras, o dinheiro "extra" vai para as contas-correntes individuais de cada um. E ambos são livres para gastar esse dinheiro como quiserem. E se você ainda não conseguiu criar a sua própria poupança, é daí que vai sair o dinheiro para tanto. Mas lembre-se: se o seu marido resolver usar a parte do dinheiro extra que lhe couber para comprar algum brinquedinho eletrônico, ou tomar chope com os amigos, ele tem esse direito. O importante é que caso ambos se assegurem de que as obrigações familiares estejam cumpridas, ambos fiquem livres para gastar (ou economizar) conforme lhes agradar a cota do dinheiro extra que lhes cabe.

O que acontece, porém, se não sobrar nem um tostão? Ambos terão que fazer sacrifícios iguais. Só porque seu marido sai para trabalhar não significa que ele tenha privilégios especiais quanto a gastar dinheiro. Se você não dispuser de recursos para almoçar fora com suas amigas, ele também não almoçará fora com os colegas de trabalho. O ônus deve ser partilhado. Lembre-se: quem traz o contracheque não tem o poder de decidir como ele será gasto. As duas pessoas que partilham esse dinheiro têm poder igual para tomar decisões. Atribua poder ao relacionamento para lidar com o dinheiro, não deixe que o dinheiro se torne mais poderoso que o relacionamento.

A MULHER PROVEDORA

As estatísticas mostram que cada vez mais as mulheres ganham melhor do que seus maridos — um fenômeno impensável na geração das nossas mães e que continua a ser novidade, tendo aparecido como matéria de capa em várias revistas de circulação nacional. Sim, a mulher provedora é um outro exemplo de como a história vem sendo reescrita na nossa época. Essa mudança radical na nossa sociedade significa que, enquanto as regras estão mudando para as mulheres, o mesmo necessariamente acontece com os homens, o que gera novos problemas para ambos os sexos.

Independente de conseguir ou não pagar as despesas domésticas com o próprio contracheque, os homens hoje ainda carregam o ônus emocional e financeiro inerente ao tradicional papel de provedor. Quando ambos os cônjuges trabalham, mas a mulher ganha mais que o marido, garanto que, digam o que disserem, a noção de masculinidade do homem é afetada. Ele pode dizer que não se importa, que acha ótimo, mas acredite em mim: se é duro para um homem quando os amigos ganham mais, quando os amigos têm carros melhores e casas maiores, imagine como deve ser difícil para ele sentir-se confortável de verdade com a ideia de que a esposa traz para casa um salário mais polpudo que o dele. É preciso muita grandeza e sabedoria para lidar com essa inversão de papéis.

O que acabo vendo a toda hora nesses relacionamentos é a esposa destituir-se de poder e minimizar seu papel de provedora. Ela não fala disso, evita tomar conhecimento do fato, porque não quer que o marido se sinta mal ou "inferior". Na verdade, esse tipo de comportamento permite ao homem criar seu próprio relacionamento disfuncional com o dinheiro! Já cansei de ver homens em situações como essa se meterem em apuros financeiros. Gastar se transforma num ponto de honra, e ter dinheiro, por qualquer meio necessário — sacando empréstimos no cartão de crédito, assumindo o financiamento de um imóvel, agarrando seja o que for em que possa pôr a mão —, para sair gastando como um figurão assume uma importância vital (é curioso que os "donos de casa" aparentemente não sofram dessa síndrome. Quando um homem decide administrar o lar, isso se torna o seu trabalho, ele *escolheu* criar filhos em lugar de recursos, o que torna mais fácil ficar de bem consigo mesmo e com os outros).

A solução para esse problema? Começar a conversar. Entender que não importa o que ele diga, suas ideias não convivem em harmonia com suas palavras e ações. Cabe a vocês, minhas senhoras, ajudar seus maridos a reescreverem suas histórias. Deixe que o seu marido saiba que não é o único a sentir desconforto; deixe que ele saiba que vocês estão juntos nisso, que ambos estão desbravando um novo caminho. O mais crucial é que vocês dois entendam que essa mudança não se dará da noite para o dia. Portanto, continuem conversando; tratem desse assunto às claras. Continuem conversando até que as ideias, sentimentos, palavras e ações de ambos convivam na mais perfeita harmonia.

Você e seus filhos

Você sabe quantos filhos adultos me procuram com um misto de raiva e tristeza por sentirem que os pais os decepcionaram financeiramente devido à falta de franqueza? Filhos que de repente descobrem aos vinte ou aos trinta anos que a mamãe e o papai não têm nenhum plano de aposentadoria porque investiram tudo o que tinham na educação deles, ou pior, que não conseguiram quitar o financiamento da casa por terem se visto, de repente, prematuramente aposentados e não conseguiram achar um novo emprego aos 55 anos. Por isso, agora os filhos se preocupam com a possibilidade de papai e mamãe perderem a casa se não conseguirem quitar o financiamento. E aonde será que vão morar?

Também conheço universitários devendo R$3 mil no cartão de crédito. No início da faculdade, eles são assediados com ofertas para adquirir um cartão de crédito, mas ninguém jamais se dá o trabalho de lhes ensinar como administrar esse cartão com responsabilidade. Por mais que eu me irrite com as administradoras de cartão por assediarem universitários inexperientes, admito que boa parte dessa culpa cabe aos pais: antes de soltar seus filhos no mundo, é preciso ensinar-lhes a ter responsabilidade financeira. Veja o que é necessário:

▲ **Seja honesta** — com você mesma e com seus filhos. Ser uma boa mãe nada tem a ver com o que você gasta com os filhos. Se não tiver dinheiro para comprar um jeans de R$150 ou o *videogame* mais moderno, diga a eles. Partir simplesmente para debitar a compra no seu cartão de crédito é desonestidade, impede você de seguir em frente na direção de uma vida de segurança financeira e dá a seus filhos a falsa impressão de que eles podem ter o que quiserem. Essa criança acabará afogada em dívidas na idade adulta por não conhecer outra forma de viver.

Seja honesta, também, quanto ao pagamento da educação deles. Na minha opinião, não existe maior gesto de amor que um pai possa fazer por um filho do que garantir a própria segurança financeira na aposentadoria. Essa é a sua prioridade. Se você simplesmente não dispõe de dinheiro para poupar para a aposentadoria e pagar um colégio ou faculdade caríssima do seu filho, concentre-se na aposentadoria. Não sinta culpa por isso e não esconda o fato. Você tem que abordar suas intenções com seus filhos por volta do ensino médio — não para assustá-los ou deixá-los deprimidos, mas para motivá-los a se sair tão bem a ponto de se candidatarem a uma bolsa de estudos ou uma universidade pública. Talvez eles precisem arrumar um emprego de meio expediente a fim de levantar dinheiro para os próprios estudos. Faça-os saber que eles — e você — precisarão lançar mão de créditos estudantis. Essa deve ser uma questão genuinamente familiar. Não há culpa nem vergonha em não poder assinar um cheque em branco. A sua honestidade quanto à situação e a sua capacidade de respeitar seus filhos engajando-os cedo são para mim as qualidades essenciais de uma boa mãe (e de um bom pai).

▲ **Seja uma instrutora** — a nossa capacidade para administrar com responsabilidade o dinheiro não é algo que adquirimos no berço. Ela resulta de aprendizado. Infelizmente, o nosso sistema de ensino desempenha muito mal a tarefa de ensinar administração financeira às crianças; na verdade, a disciplina raramente faz parte do currículo escolar. Por isso, cabe inteiramente aos pais preencher essa lacuna. Você precisa ensinar aos seus filhos o valor do dinheiro e mostrar isso na prática.

Acho importante fazer seus filhos participarem das finanças familiares a partir dos 12 anos. Faça-os sentar com você quando for pagar as contas — não para que sintam gratidão pelo que você provê, mas para que entendam quanto se gasta para viver. Por exemplo, mostre a eles o valor da conta de luz. Você acabará vendo que eles pensarão duas vezes antes de manter a luz acesa ou a tevê ligada quando não estiverem no quarto.

Uma das lições mais importantes que você pode lhes dar é como lidar com cartões de crédito. Se você tiver uma boa avaliação de crédito, recomendo pôr seu filho num cartão já existente como "dependente" quando ele fizer quinze anos. Isso permitirá que ele utilize o cartão e a conta seja paga por você. Assim, você terá a oportunidade de orientar, impor limites etc. Permitirá, também, que ele comece a criar o próprio histórico de crédito baseado no histórico da mãe. Será um excelente empurrão para quando ele se formar na faculdade. Com um sólido histórico de crédito, será mais fácil alugar um apartamento.

Se você não tiver um bom histórico de crédito, adquira para o seu filho, exclusivamente em nome dele, um cartão de crédito, desde que o limite disponibilizado seja baixo — por volta de R$500. Como uma carteira de motorista, este cartão lhe servirá de aprendizado, ensinando a ele como gastar com responsabilidade — de preferência com dinheiro ganho num emprego de meio expediente ou como remuneração pelo desempenho de tarefas domésticas extras (extras, repito. Não remunere seus filhos pela execução de tarefas essenciais. É importante que eles saibam que têm certas responsabilidades, ponto final — sem o incentivo de uma mesada. É a contribuição deles para a família. Além disso, você pode criar uma mesada para remunerar tarefas adicionais. Por exemplo, talvez pôr e tirar a mesa seja uma tarefa padrão que cabe a todos os membros da família, mas lavar a louça duas vezes por semana pode lhes valer uma remuneração).

VOCÊ E SEUS AMIGOS / PARENTES CONSTANTEMENTE "DUROS"

Um relacionamento baseado na sua contribuição material para o mesmo não é um relacionamento saudável. Em outras palavras: você é capaz de ser a mais solidária e carinhosa das amigas, irmãs, primas etc., sem jamais dar um tostão do seu dinheiro. O dinheiro não é alicerce de relacionamento algum nem pré-requisito para mantê-lo. Pensar de forma diversa significa desvalorizar a si mesma e o relacionamento — e você agora já sabe que não deve jamais se pôr à venda!

No entanto, estou ciente de que este é um outro compromisso delicado para as mulheres. Sentimos tamanha culpa quando nos saímos melhor do que uma amiga que luta com dificuldades financeiras que concordamos em ser fiadoras de um empréstimo ou de um financiamento sem pesar os riscos que isso possa acarretar para a nossa saúde orçamentária. Se um irmão querido que já faliu uma vez liga e nos pede R$25 mil emprestados para mais uma empreitada profissional fadada ao fracasso, dizemos sim, mesmo que isso signifique raspar a poupança para emergências. Quando um primo telefona procurando investidores para o seu novo negócio, resolvemos esquecer a contribuição de R$4 mil para o plano de aposentadoria de modo a ajudá-lo a realizar esse sonho.

Emocionalmente, cada uma dessas ações faz todo sentido. Mas emoção não provê segurança financeira. Você não pode permitir que o seu coração tome todas as decisões da sua vida. É preciso deixar que a cabeça entre no jogo. Trata-se de um equilíbrio delicado, mas canso de ver mulheres que põem todo o peso no prato emocional da balança.

Uma mulher ciente de seus oito atributos irá empregá-los para avaliar o impacto financeiro de sempre dizer sim a amigos e parentes necessitados. Lembre-se: você não deve doar dinheiro que vá abalar a sua segurança financeira. É a nossa natureza maternal correndo solta novamente. Por isso vou repetir: você não pode dar, se isso for enfraquecê-la.

Eu seria duplamente cautelosa com relação a alguém que necessite da minha ajuda para conseguir um empréstimo. É preciso ter consciência de que os bancos adoram dar dinheiro; é assim que eles têm lucro. Por isso, se virem algo no seu amigo ou parente que os deixe nervosos a ponto de exigir um avalista, você também deve ficar nervosa. Entenda que ao avalizar um empréstimo você está concordando em pagar a dívida caso seu amigo ou parente não o faça. Se não puder arcar com essa responsabilidade, a sua vida financeira vai para o brejo. Meu conselho é nunca avalizar um empréstimo ou financiamento para uma pessoa que não consiga realizar uma dessas operações sozinha. Este é um sinal evidente de que essa pessoa tem dificuldade em ser financeiramente responsável. E o seu compromisso com ela não deve se apoiar na sua disposição de ser a sua escora financeira.

△ **Também quero que você tenha cautela com qualquer um que lhe peça um empréstimo. Se precisar dizer sim, trate a operação como o que ela efetivamente é: uma transação comercial. Procure sempre elaborar um contrato formal de empréstimo com amigos e parentes.**

Talvez o mais difícil seja avaliar se a sua ajuda financeira realmente representa um gesto de solidariedade. Emprestar dinheiro a uma irmã afogada em dívidas porque o seu cunhado se recusa a arrumar um emprego e vive assaltando a poupança familiar não é um ato generoso como pode parecer à primeira vista. Sua irmã precisa mesmo é de apoio emocional para enfrentar o marido e insistir para que o casal não faça mais dívidas. Dar dinheiro a ela não fará com que o marido mude de comportamento. Na verdade, pode apenas lhe fornecer uma desculpa para evitar encarar os problemas do seu casamento. Talvez, afinal, seja mais solidário negar o empréstimo — ao menos até que ela tome algumas providências para tratar da questão que causou o aperto financeiro.

Você e seus colegas de trabalho

Parece que toda semana alguém faz aniversário/se despede da empresa/se casa, e lhe pedem para contribuir com R$25 para a festa ou para o presente. A conta logo fica alta e a mordida dói mais ainda quando você não tem esse dinheiro para dar. Mas é uma vergonha dizer não — você não quer ser vista como alguém que não faz parte do time. Aqui, amiga, é que você precisa reunir coragem para ser franca. Diga, simplesmente, a verdade: "Não tenho dinheiro este mês para gastar com a festa, mas adoraria ajudar nos preparativos." Isso mesmo — ofereça ajuda. Colete o dinheiro, saia para comprar o presente, encomende os salgadinhos, faça os docinhos. Demonstre o seu carinho de outro jeito que não seja dando dinheiro. Suas ações — e não a sua contribuição financeira — demonstram o seu carinho.

Quando seus pais agem como crianças

Se seus pais a vida toda foram responsáveis com dinheiro, mas algo imprevisível acontece e eles se veem numa situação em que precisam da sua ajuda financeira, sou a primeira a aconselhar que você se desdobre para ajudá-los.

Em compensação, se seus pais sempre se recusaram a agir como adultos e a vida toda tiveram maus hábitos com relação a gastos, a história é outra. Se eles vivem lhe pedindo ajuda financeira — mesmo se você tem condições de ajudar —, é preciso enfrentá-los agora e comunicar que você tem amor para dar; dinheiro, não. Você tem um financiamento de imóvel para pagar, um empréstimo estudantil da época da faculdade para quitar e dois filhos para sustentar. E considerando que eles se recusam a crescer, você se recusa a assumir a bagagem financeira que lhes pertence. O que você pode oferecer é a sua ajuda para sanear as finanças de modo que eles se vejam na melhor situação possível quando se aposentarem. Isso nada tem a ver com deixá-los na mão, tem a ver com lhes dar a mão. Para o bem deles e para o seu próprio bem.

Cuidando dos pais

Quando chegar a hora de assumir o papel de cuidar de seus pais de forma amorosa e bem-disposta, quero ter certeza de que você esteja preparada. Isso implica planejamento, porque será muito difícil manter seus compromissos com tudo e todos que ocupam a sua vida se você não tiver se esquematizado. A única coisa capaz de facilitar financeiramente a sua vida e a de seus pais é um seguro de enfermagem a longo prazo. Com efeito, este seguro não se destina apenas a seus pais; ele é importante para todas as mulheres que se aproximam dos 59 anos.

Seguro de enfermagem a longo prazo

O fato de as mulheres viverem mais que os homens aumenta a probabilidade de que muitas de nós enviuvemos e não tenhamos condições de cuidar de nós mesmas.

Uma realidade cruel do envelhecimento é que um dia talvez já não sejamos as mulheres-maravilha que fomos um dia, cuidando dos nossos pais, dos nossos filhos, maridos e amigos. Um dia é possível que nem de nós mesmas possamos cuidar. Seja numa instituição, seja em nossa própria casa, é bem possível que venhamos a precisar de ajuda. E ela custa muito caro.

Um seguro de saúde não cobre esse tipo de cuidados. Nem a Previdência Social, na maioria dos casos. Quem, então, vai pagar essa enfermagem de longo prazo se necessária? Você — e do seu próprio bolso.

Esta é a situação que você deve evitar: sua mãe e seu pai trabalharam a vida toda e pouparam direitinho para a aposentadoria. Suas contas de aposentadoria contêm

---

um saldo de aproximadamente R$400 mil, a casa em que moram é própria e ambos recebem pensão da Previdência Social. Tudo ia muito bem até seu pai adoecer e necessitar de cuidados que custam cerca de R$5 mil mensais. Para fazer face a essa despesa, sua mãe acaba sacando anualmente R$100 mil da poupança de aposentadoria. Quatro anos mais tarde, seu pai morre. Ao longo desse período, sua mãe praticamente raspou as contas de aposentadoria e agora só tem uma pensão da Previdência entrando todo mês. Você ajuda na medida em que pode, mas ela continua lutando financeiramente na chamada "melhor idade". Isso poderia ter sido evitado se você adquirisse um seguro de enfermagem a longo prazo para os dois.

Você e o seu... *profissional de finanças?*

Você sabe que o meu maior desejo é que todas as mulheres se interessem pelo próprio dinheiro e se apeguem a ele. Quero que você se torne uma poupadora e depois uma investidora e sei que não lhe faltam meios para tanto. No entanto sou pragmática, e por isso também sei que quando as mulheres — e os homens — possuem uma quantia generosa de dinheiro, quase sempre optam por contratar um consultor financeiro para administrá-lo para elas.

O relacionamento com um consultor financeiro é um dos compromissos mais importantes que você pode assumir. E caso siga este caminho, peço-lhe que se mantenha vigilante sobre fazer o que é certo em lugar de fazer o que é fácil. É fácil jamais conferir um extrato; *é* fácil acatar cegamente os conselhos do seu consultor — mas não é certo. E você não pode faltar ao compromisso que tem consigo mesma. Por isso, se contratar um consultor financeiro, é importante que se mantenha vigilante e continue participando plenamente.

A chave, porém, é encontrar um consultor que seja digno do seu compromisso.

O QUE PROCURAR NUM CONSULTOR FINANCEIRO

Primeiro, quero que você atente para o fato de que praticamente qualquer um pode se intitular consultor financeiro. Na verdade, muitos dos chamados consultores não passam de vendedores que se produzem para impressioná-la. Sei disso por experiência própria. Lembre-se: comecei minha carreira de consultora financeira numa grande corretora em 1980. Passei a maior parte do meu treinamento aprendendo a vender para você os investimentos que ela queria que eu vendesse para você. Sabe o que me ensinaram? Em lugar de ligar para você e perguntar se lhe interessava comprar cem ações de uma empresa, me diziam para perguntar se você estaria interessada em comprar cem ou duzentas ações. Quer saber a diferença? Se eu lhe fizesse a primeira pergunta, você poderia simplesmente responder que não. Se o fizesse, o que eu teria a dizer? Mas a segunda pergunta não pode ser respondida com um sim ou não. Entendeu?

Mesmo se um consultor que você esteja pensando em contratar lhe tenha sido altamente recomendado por um amigo, pergunto: esse amigo tem um conhecimento genuíno do que eles estão fazendo com o dinheiro dele? Você tem certeza de que não lhe venderam gato por lebre? Qualquer consultor que você contrate precisa responder as perguntas abaixo de modo a me deixar satisfeita:

▲ **Há quanto tempo você é consultor financeiro?** — Há dez anos, no mínimo, é a resposta que ele deve dar. A experiência é um fator importante. A pessoa que irá aconselhá-la precisa já ter enfrentado bons e maus ventos da economia.

▲ Quais os certificados, licenças ou credenciamentos que você possui? — Seu consultor precisa ter licença para poder aconselhá-la. Ninguém, repito, *ninguém* pode fornecer orientação financeira de qualquer tipo sem antes obter as credenciais necessárias para isso. Seu consultor deve ter, no mínimo, uma certificação emitida no Brasil pela Associação Nacional dos Bancos de Investimentos (Anbid), denominada *Certified Financial Planner* (Planejador Financeiro Certificado). Para lhe aconselhar sobre investimentos, o profissional precisa ter a certificação de Agente Autônomo de Investimentos reconhecida pela Ancor, Associação Nacional de Corretoras de Valores. Para fazer recomendações básicas (como as feitas por um gerente de banco), o profissional precisa contar com as certificações CPA10 e CPA20.

UMA PALAVRINHA SOBRE CREDENCIAIS
Se você está procurando alguém para ajudá-la em todas as áreas da sua vida financeira — de seguros a impostos, do planejamento de espólio a planejamento de aposentadoria e investimentos — contrate um PLANEJADOR FINANCEIRO CERTIFICADO, ou CFP®. Um consultor que se deu o trabalho de estudar e fazer provas para obter essa habilitação também é obrigado a continuar se atualizando a fim de não perder seu certificado.

COMO OS CONSULTORES FINANCEIROS COBRAM POR SEUS SERVIÇOS
Não pergunte a um consultor financeiro quanto ele cobra. Quero que você contrate um consultor financeiro que lhe diga exatamente como cobra — sem que você precise perguntar. Este é um excelente instrumento para medir a honestidade dele.

É assim que ele deve cobrar:

▲ um valor por hora para lhe prestar consultoria
ou
▲ um percentual dos bens que ele administrar para você
ou
▲ uma combinação de ambas as formas acima.

Se ele lhe disser que cobra apenas comissões, esqueça-o. Por que você haveria de querer contratar alguém que só é remunerado quando você compra e vende o que quer que seja que ele lhe diz para comprar e vender? Nesses casos, ele ganha dinheiro mesmo quando você perde.

Se você contratar um consultor que cobre por hora é possível que ele lhe custe cerca de R$1 mil ou mais. Por isso, recomendo que você utilize os serviços de um deles apenas se tiver R$50 mil ou mais para investir. E se está pensando que sairá mais barato optar por um consultor que cobre apenas comissões, eu lhe digo que na maioria dos casos você vai acabar pagando bem mais. Digamos que você tenha R$50 mil para investir e o seu consultor financeiro lhe aconselhe uma combinação de investimentos que, na média, rendam 2,5% de comissão. Você pagará R$1.250 a ele — bem mais do que os R$1 mil pela assessoria do primeiro.

Se você possui dinheiro bastante (R$50 mil ou mais), utilize os serviços de um administrador de portfólio ou de um consultor de investimentos registrado. Eles costumam cobrar uma percentagem sobre a quantia que você depositar com eles. Em nenhuma hipótese pague um percentual superior a 1%.

(Se você contratar um consultor que cobre uma taxa anual pela prestação do serviço, assegure-se de ter um bom retorno pelo que gastar. Acho que ele deveria investir o seu dinheiro em ações individuais ou em fundos multimercado — que combinam renda fixa e ações — de baixo custo. Um consultor que cobra uma taxa anual e investe seu dinheiro em fundos mútuos com encargos e altas taxas de administração é um péssimo negócio. Você acaba gastando demais em honorários.)

Calma! Só mais umas perguntinhas

Se você foi encaminhada a este consultor, quem a encaminhou recebe algo por isso?	A resposta deve ser um sonoro NÃO!
Este consultor se encontra no momento envolvido em algum processo judicial que tenha por objeto seus conselhos sobre investimentos? Ele já sofreu algum processo?	Mais uma vez, a resposta deve ser um NÃO redondo; se for sim, peça que ele lhe explique por quê.
Este consultor já sofreu processos disciplinares?	Cabe outro NÃO aqui, mas se a resposta for sim, peça explicações.
Qual é a especialidade dele?	O melhor é que ele seja capaz de lhe dar consultoria sobre todos os assuntos relativos a dinheiro, desde como planejar um espólio até como se livrar de dívidas.
Ele irá enviar para você atualizações trimestrais dos seus investimentos e um relatório anual no final do ano?	A resposta deve ser SIM.
Esses relatórios trarão a sua taxa anual de retorno, afora o dinheiro investido ao longo do ano?	SIM, novamente!
Ele algum dia pedirá a você para assinar um cheque nominal a ele relativo a um investimento?	NÃO, NÃO e NÃO. Jamais assine um cheque para uma pessoa física. Seu dinheiro terá que ser investido diretamente na sua conta na corretora ou na sociedade de fundo mútuo que estiver usando. Jamais entregue seu dinheiro a qualquer pessoa.
Ele lhe fez perguntas sobre as suas dívidas?	A resposta deve ser SIM.

Ele perguntou se você tem um testamento ou um truste?	SIM de novo.
Perguntou pela sua saúde?	Mais um SIM.
Perguntou se você quer adquirir um imóvel, ou sobre o financiamento daquele que você já possui?	SIM.
Perguntou sobre seus filhos?	SIM.
Sobre a estabilidade do seu emprego?	SIM.
Perguntou se você tem medo de investir? Indagou quanto dinheiro você está disposta a perder?	Ambas as perguntas devem ser feitas.
Perguntou se você tem um bom relacionamento conjugal?	A resposta deve ser SIM. É importante para ele saber.
Foi ele que procurou você?	A resposta deve ser NÃO — um bom consultor financeiro a convidaria a comparecer ao escritório dele para que você conhecesse o seu ambiente de trabalho.
O escritório é organizado?	Tem que ser. Lembre-se: se o consultor for desorganizado isso talvez reflita a forma como o seu dinheiro será administrado.
Você gostou da equipe dele?	Você deve gostar daqueles que irão lidar com você e com o seu dinheiro.
O consultor fez questão de que você comparecesse acompanhada do seu marido ou companheiro?	SIM. Um bom consultor não se contentaria em ter uma reunião apenas com um dos membros de um casal.
Ele explicou tudo de forma que você entendesse perfeitamente?	A resposta tem que ser SIM.
Ele tentou lhe vender um seguro de vida com anuidade variável, um seguro de vida variável, universal ou um seguro de vida integral?	NÃO, NÃO e NÃO! Se ele fizer isso, saia imediatamente.

Faça uma promessa

Prometa-me que se resolver contratar um consultor financeiro você continuará apegada a seu dinheiro. Lembre-se: até o consultor mais talentoso e bem-intencionado jamais estará tão íntimo e apaixonadamente ligado ao crescimento e segurança do seu dinheiro quanto a pessoa que você enxerga no espelho. Seu maior compromisso deve ser com você mesma. É a isso que este livro pretende conduzi-la. Olhe para a mulher no espelho, diga seu nome e se comprometa a cuidar dela com todas as suas forças. Mais que ninguém ela merece de você esse compromisso.

8
Diga o seu nome

Ao encerrarmos este livro, estamos mais perto do momento em que você entrará por conta própria em seu novo mundo financeiro. Quero que você encare esta ocasião como festiva. Quero que você festeje ser quem é e anuncie esse fato ao mundo. Assuma o crédito por ser quem você é, por aquilo em que acredita, por tudo que realizou e por tudo que espero que realize. Resta apenas uma última lição a aprender antes de partir.

Nas minhas viagens pelo país fazendo conferências para grupos de mulheres, percebi algo bastante revelador. Em dado momento, a organizadora do evento pede a palavra para agradecer a algumas mulheres da plateia pelo trabalho e esforços empreendidos para apoiar o grupo ao longo do ano anterior. Quase sempre a organizadora pede que essas mulheres fiquem de pé quando seus nomes forem chamados para que todas as aplaudam. Observo-as quando se põem de pé... Isto é, meio de pé. Elas se levantam ligeiramente de seus assentos e voltam a sentar-se com a rapidez de um piscar de olhos, desejando escapar do foco o mais depressa possível. Parem de aplaudir! Elas não suportam a ideia de ficar de pé para receber o crédito e a admiração pelo próprio trabalho.

Será humildade o que faz as mulheres se encolherem diante do elogio quando seus nomes são chamados?

Vou ser franca: para mim não se trata de humildade. Com efeito, cheira mais a humilhação. Você insulta a si mesma e desqualifica seus esforços quando rejeita as próprias realizações e, consequentemente, o próprio poder. Isso é o extremo oposto do que faria uma mulher rica. Minhas senhoras, não chegamos até aqui para permitir que esse comportamento abominável continue. Vou ajudá-la a romper esse hábito, porque ele é mais corrosivo, mais maléfico do que você se dispõe a crer.

O quanto significa um nome?

Pense nisto: quando peço a uma mulher para me dizer seu nome, sabe o que ouço? Ela pergunta: "Qual deles? O de solteira, de casada, de divorciada..." Quando se casou, minha mãe se tornou a sra. Orman. O que foi feito do seu nome, do seu sobrenome de solteira? Desapareceram para sempre em meio a algumas promessas. Meu pai morreu há mais de vinte anos, mas até hoje a correspondência chega para a sra. Orman. Papai nunca precisou refletir sobre manter seu nome de nascimento ou trocá-lo pelo sobrenome da esposa, ou, ainda, adotar uma combinação de ambos. Os homens jamais precisam fazer tal opção, mas ainda hoje esta é uma pergunta que se faz a toda mulher, jovem ou velha, que vá se casar — ou se casar de novo. Vai mudar seu nome? É difícil não encarar essa persistência da tradição como um reconhecimento tácito em nossa sociedade de que o nome de uma mulher não é tão importante quanto o de um homem.

Quanto a mim, nunca pensei que meu nome faria grande diferença. Nasci Susan Lynn Orman, mas para a família e amigos sempre fui a Susie. Eu achava Susie um nome sem graça que não combinava com o meu espírito aventureiro. Eu queria ser diferente de todo mundo. Quis mudar meu nome, mas tive medo de magoar minha mãe. Quando estava na faculdade resolvi mudar a grafia do meu nome para SUZE. Achei legal e diferente, e o melhor de tudo é que mamãe jamais descobriria — afinal, quando é que ela veria o meu nome impresso? *Quem diria*! Até hoje ela nunca me perguntou por que mudei a grafia do meu nome, pois para ela serei sempre a sua Susie. Não é o máximo?

O tempo, porém, tem sempre o poder de colocar as coisas em seus devidos lugares. Explico. Mamãe tem hoje 94 anos e já faz algum tempo mora num apart-hotel para idosos. Sempre que vou visitá-la, ela me apresenta a todos como sua filha, e depois conta com imenso orgulho o que eu faço, já que é isso que ela considera importante que as amigas saibam a meu respeito. As amigas então me olham e perguntam: "E como é seu nome?" Mas quando mamãe me apresenta a suas amigas, ela não diz em que elas trabalham, simplesmente as apresenta pelo nome. "Suze, esta é a Anne Travis, e esta é Thelma Notkin." Sem dúvida chega uma hora na vida em que aquilo que temos ou fizemos já não interessa a ninguém. A única coisa que conta é o nosso nome.

Será que você está pensando: "Que história legal, Suze, mas o que ela tem a ver com mulheres e dinheiro? Por que o último capítulo deste livro se chama 'Diga o seu nome'?"

Acredito que existe algo incrivelmente poderoso no ato de dizer o seu nome. Eu chegaria mesmo a dizer que essa é a chave simbólica para liberar o seu eu poderoso. Acredito que até que você consiga dizer seu nome com orgulho, enorme orgulho, por ser quem é e por tudo aquilo que o seu nome representa, você não será a mulher poderosa que desejo que você seja. E não quero que você espere até os 91 anos para fazer isso.

CHEGOU A HORA DE DIZER SEU NOME: UM EXERCÍCIO

Que nome você deseja anunciar ao mundo como seu? O nome com que foi batizada, seu nome de casada? A decisão é sua, mas tem que ser o nome todo, não apenas o prenome. Em seguida, quero que você faça algo que talvez nunca tenha feito antes. Primeiro, fique de pé na frente de um espelho. Olhe para o espelho e, encarando a si mesma, diga seu nome. Seu nome completo. Observe seu rosto ao dizê-lo. Ouça sua voz. Quero que você se conscientize do seu corpo ao dizer seu nome. Vamos, tente.

Ao mesmo tempo, perceba como se sente. Tímida? Tola? Está se esforçando para não rir diante da própria imagem? Como é a sua linguagem corporal? Está com vontade de cobrir o rosto ou abraçar seu corpo para se sentir menor? Ou está ereta, de cabeça erguida? Quem sabe cruzou os braços numa atitude defensiva? Está se sentindo forte e poderosa? Aposto que não.

Agora quero que você se lembre dos oito atributos de uma mulher rica. Lembre-se da coragem necessária para dizer o que pensa. Lembre-se: seus pensamentos, sentimentos, palavras e ações devem ser uma coisa só. Será que eles estão em harmonia quando você fala a seu respeito? O que você está pensando, o que você está fazendo enquanto diz o seu nome?

Agora, afaste-se alguns passos do espelho. Vou lhe pedir para tentar novamente, mas desta vez imagine primeiro que está prestes a pisar num palco diante de trinta mil pessoas que aguardam o que você tem a dizer. Quero que saiba que todo mundo ali quer ouvir o que você tem a dizer. Essas pessoas pagaram caro pela entrada e você é o único motivo para estarem ali. Olhe para o espelho agora e, apoiada no carinho e no amor dessas trinta mil pessoas, apresente-se a elas com uma força que nunca sentiu antes. Diga a elas quem você é. O que quer que elas saibam sobre você? Pense nisso por alguns minutos e quando estiver preparada, fale, olhando para o espelho.

Quero que você sinta o seu poder. Quero que descubra a sensação de se apresentar com segurança e clareza. Quero que saboreie a sensação de dizer seu nome como se o mundo todo quisesse saber quem você é e como você é. Por favor, experimente este exercício, não se acanhe. Mesmo que a única coisa que você diga hoje seja o seu nome, quero que faça isso usando todo o poder que reside em você. Insista diante do espelho até ser capaz de olhar diretamente para a sua imagem e dizer seu nome sem piscar e sem se desculpar.

Quero que você entenda que simplesmente dizer seu nome é um ato de poder.

Detendo o poder de controlar o próprio destino

Acredito de todo coração no seguinte: o que você é sempre será o alicerce do que você tem nesta vida. Um dos objetivos deste livro — e do trabalho de toda a minha vida — é convencê-la disso. Tudo começa em quem você é. Se quiser deter o poder de controlar seu destino, não existe outro ponto de partida.

Ainda vivemos numa época que nos obriga a enfrentar obstáculos meramente por sermos mulheres. Mas eles não são obstáculos intransponíveis, de jeito algum. E são incapazes de impedi-la de seguir o seu caminho. Vai ser fácil? Ora, depende de como você encarar o desafio. Você pode optar por tornar difícil esse plano de viagem ou pode optar por adotá-lo com toda a coragem e determinação que uma mulher poderosa tem dentro de si. De repente, já não é tão difícil afinal. Com enorme surpresa, você talvez até descubra que é fácil.

Ainda assim, é provável que em dados momentos a vida fique difícil. Nessas horas, como sempre, quero que você relembre os oito atributos de uma mulher rica.

Lembre-se de reunir coragem para aplacar seu medo.

Lembre-se de manter seu foco no objetivo, no que real-

mente deseja conseguir, independente do que digam ou façam para impedi-la. Continue a seguir em frente.

Lembre-se de manter um vínculo com o seu dinheiro, de
alimentar um relacionamento saudável com ele, pois o que
acontece com o seu dinheiro afeta a qualidade da sua vida e
das vidas de quem você ama.

Lembre-se sempre de fazer o que é certo em lugar do que
é fácil e nunca se ponha à venda, porque você merece mais
que isso.

Por último, e também muito importante, peço que você
encare qualquer pessoa diretamente nos olhos e, com a força
e o poder de todas as mulheres que estão por trás de você,
dentro de você e diante de você, DIGA O SEU NOME.

O meu é Suze Orman.

EDITORA RESPONSÁVEL
Izabel Aleixo

PRODUÇÃO EDITORIAL
Daniele Cajueiro
Guilherme Bernardo

REVISÃO DE TRADUÇÃO
Giuliana Alonso

REVISÃO
Eduardo Carneiro
Luciana Ferreira

DIAGRAMAÇÃO
Trio Studio

Este livro foi impresso em São Paulo, em novembro de 2009,
pela RR Donnelley Moore, para a Editora Nova Fronteira.
A fonte usada no miolo é Sabon, corpo 11.
O papel do miolo é offset 75g/m², e o da capa é cartão 250g/m².

Visite o nosso site: www.novafronteira.com.br